中外文化视角下英语教学探索

王丹丹　员珍珍　著

吉林出版集团股份有限公司

图书在版编目(CIP)数据

中外文化视角下英语教学探索／王丹丹，员珍珍著. — 长春：吉林出版集团股份有限公司，2019.6

ISBN 978-7-5581-7439-1

Ⅰ. ①中… Ⅱ. ①王… ②员… Ⅲ. ①英语-教学研究-高等学校 Ⅳ. ①H319.3

中国版本图书馆 CIP 数据核字(2019)第 141382 号

中外文化视角下英语教学探索

ZHONGWAI WENHUA SHIJIAO XIA YINGYU JIAOXUE TANSUO

出 版 人：吴文阁
著　　者：王丹丹　员珍珍
责任编辑：赫金玲
装帧设计：中图时代
开　　本：710 mm×1000 mm　1/16
印　　张：10
字　　数：180 千字
版　　次：2021 年 3 月第 1 版
印　　次：2021 年 3 月第 1 次印刷
出　　版：吉林出版集团股份有限公司
发　　行：吉林音像出版社有限责任公司
地　　址：吉林省长春市净月区福祉大路 5788 号出版大厦 A 座 13 层，邮编：130000
电　　话：0431-81629679
印　　刷：北京军迪印刷有限责任公司

ISBN 978-7-5581-7439-1　定价：50.00 元

目 录

第一章 跨文化与交际 … 1
- 第一节 文化与语言 … 1
- 第二节 文化与交际 … 7
- 第三节 跨文化交际 … 12

第二章 中外文化视角下的大学英语教育研究 … 18
- 第一节 大学英语教育的性质 … 18
- 第二节 中外文化视角下大学英语教育的现状 … 23
- 第三节 大学英语多文化教育的影响因素 … 27

第三章 大学英语教学中的跨文化教育 … 43
- 第一节 加强大学英语跨文化教育的重要性 … 43
- 第二节 大学英语多文化教育的内容 … 44
- 第三节 大学英语跨文化教育的实施 … 49

第四章 中外文化视角下大学英语词汇教学的探索 … 54
- 第一节 大学英语词汇教学概述 … 54
- 第二节 中外文化差异与大学英语词汇教学 … 61
- 第三节 中外文化视角下大学英语词汇教学的方法 … 66

第五章 中外文化视角下大学英语语法教学的转型 … 68
- 第一节 大学英语语法教学概述 … 68
- 第二节 文化差异与大学英语语法教学 … 73
- 第三节 中外文化视角下大学英语语法教学的方法 … 75

第六章 中外文化视角下大学英语听力教学的探索 … 80
- 第一节 大学英语听力教学概述 … 81
- 第二节 文化差异与大学英语听力教学 … 92
- 第三节 中外文化视角下大学英语听力教学的方法 … 96

第七章 中外文化视角下大学英语口语教学的探索 … 105
- 第一节 大学英语口语教学概述 … 105
- 第二节 文化差异与大学英语口语教学 … 108

第三节　中外文化视角下大学英语口语教学的方法 …………… 109
第八章　中外文化视角下大学英语阅读教学的探索 ………………… 116
　　第一节　大学英语阅读教学概述 ………………………………… 116
　　第二节　文化差异与大学英语阅读教学 ………………………… 119
　　第三节　中外文化视角下大学英语阅读教学的方法 …………… 124
第九章　中外文化视角下大学英语写作教学的探索 ………………… 131
　　第一节　大学英语写作教学概述 ………………………………… 131
　　第二节　文化差异与大学英语写作教学 ………………………… 136
　　第三节　中外文化视角下大学英语写作教学的方法 …………… 140
第十章　中外文化视角下大学英语翻译教学的探索 ………………… 142
　　第一节　大学英语翻译教学概述 ………………………………… 142
　　第二节　文化差异与大学英语翻译教学 ………………………… 146
　　第三节　中外文化视角下大学英语翻译教学的方法 …………… 149
参考文献 ……………………………………………………………………… 156

第一章　跨文化与交际

随着外语教学在全世界范围内的展开,人们对不同文化传统的不理解已经成为人们交流与沟通的真正障碍。语言教学的目的是培养学生的交际能力,对中国学生而言,英语是一门外语,包含着丰富的异域文化。那么,英语教育的目的就不仅仅是传授知识与技能,更重要的是培养学生的跨文化交际意识和能力。可以说,跨文化交际这一思想贯穿整个英语教学的始末,对英语教学的质量与效果产生深远影响。因此,本章对跨文化交际理论进行探讨,包括文化与语言、文化与交际、跨文化交际三个方面。

第一节　文化与语言

一、文化

(一) 文化的定义

"文化"这一概念具有十分丰富的含义,关于"文化"的定义也是众说纷纭。

在西方语言中,"culture(文化)"一词源于拉丁文 cultus,原意是"耕作",后来引申为居住、动植物培育等。英语、法语语言中的"culture(文化)"一词也有"栽培、种植"的意思。后来,它又被引申为对人性情的陶冶和品德的培养。由此来看,西方的"culture"一词更注重人类的物质生活,后来才开始涉及精神与人文的意义。

17世纪,德国法学家普芬多夫(Pufendorf)首次将文化作为独立的概念提出来,并对文化进行了明确界定。他指出,"文化是人的活动所创造的东西和依赖人和社会而存在的东西的总和"。

英国人类学家爱德华·泰勒(Edward Tylor)在1871年出版的 *Primitive Culture*(《原始文化》)一书中提道:"所谓文化和文明,乃是包括知识、信念、艺术、伦理、法律、习俗以及作为社会成员的个人而获得的其他任何能力、习惯在内的一种综合体。"

美国的文化学家与人类学家克罗伯与克拉克洪(Kroeber & Kluckhohn)提出了一个关于文化的综合定义,即"文化是包括各种外显或内隐的行为模式,它通过符号的运用使人们获取和传递,文化代表了人类群体的显著成就,尤其是价值观念、文化体系虽可被认为是人类活动的产物,但也可被视为限制人类做进一步活动的因素。"

关于"culture"一词的定义,*The New World Encyclopedia*(1974)提供的释义是:"Culture is the totality of the spiritual, intellectual, and artistic attitudes shared by a group, including its tradition, habits, social customs, morals, laws, and social relations. Sociologically, every society, on every level, has its culture."(文化是一定群体所共享的精神、知识、艺术观点的总和,包括传统、习惯、社会规范、道德伦理、法律秩序、社会关系等。从社会学的意义上说,任何社会和阶层都有属于自己的文化。)

《牛津简明词典》将文化定义为"艺术或其他人类共同智慧的结晶"。

《苏联大百科全书》对文化的概念进行了广义与狭义的区分,广义文化是指社会和人在历史上一定的发展水平,它表现为人们进行生活和活动的种种类型和形式以及人们所创造的物质和精神财富;狭义文化指的是人们的精神生活领域。

在我国,"文"与"化"两个字结合起来使用最早见于《周易·贲卦》:"观乎天文,以察时变;观乎人文,以化成天下。"其中,"天文"是指自然天体的构成及其规律;而"人文"则指人类社会的构成及其规律,包括文明礼仪、人伦道德在内。"人文"与"化成天下"结合使用,可以体现"文化"一词的基本含义:通过人伦教化使人们自觉行动。

"文"与"化"合并为一个词是在西汉之后。西汉刘向《说苑·指武》中记载:"圣人之治天下也,先文德而后武力,凡武之兴,为不服也,文化不改,然后加诛。"这里的"文化"与"武力"是两种截然不同的教化方式。

由此可见,中国古代关于"文化"概念的界定主要属于精神范畴。

我国《辞海》对文化进行了如下界定:"文化从广义上说,指人类社会历史实践过程中所创造的物质财富和精神财富的总和。从狭义上来说,指社会的意识形态以及与之相适应的制度和组织机构。"

我国著名学者季羡林认为,给文化下一个准确的定义十分困难。根据他的观点,凡是在物质方面和精神方面对人民有好处的东西就叫作"文化"。

根据上述论述不难发现,关于文化的定义因角度不同而不同。通常而言,可以从狭义与广义来对"文化"加以理解。狭义的"文化"仅指精神文化,如社会的意识形态、风俗习惯、用语规范以及与之相适应的社会制度和社会组织;广义的"文化"既包括精神文化,也包括物质文化。

(二)文化的分类

关于文化的分类,学术界也存在很多观点。下面主要介绍几种常见的观点。

1. 两分说

两分说将文化分为两类:价值体系和技术体系。

(1)价值体系,指人类在自我塑造过程中形成的人格的、精神的、规范的、主观的东西。

(2)技术体系,指人类通过加工自然事物而形成的非人格的、技术的、器物的、客观的东西。

价值体系和技术体系借助语言与社会结构构成文化的统一体,该统一体就是广义层面的文化。而价值体系实际上就是狭义的文化,与特定民族的生活方式与生产方式对应,从而形成借助语言进行传播的价值观念与行为准则。

2. 三分说

文化的三分说,是指文化包括物质生产文化、制度行为文化以及精神心理文化。

(1)物质生产文化,即人类对自然进行改造与征服的活动和成果。

(2)制度行为文化,即人类建立社会制度与人的行为规范的活动及其成果。

(3)精神心理文化,即在人与自我的关系中,人类主体意识创造活动的过程和成果。

3. 四结构说

四结构说把文化分为物质文化、制度文化、行为文化、心态文化四类。

(1)物质文化,即可以感知的、用以满足人类物质需求的物质实体的文化事物,包括人类的衣、食、住、行等方方面面。物质文化体现了人类与自然之间存在的改造与被改造的关系。

(2)制度文化,即人类在社会实践过程中所建立起来的各种社会规范与组织。

(3)行为文化,即人类在长期的社会实践交往过程中约定俗成的行为模式,主要体现在民风、风俗方面,地域色彩与民族特色十分浓厚。

(4)心态文化,即人类在长期的社会实践和意识活动过程中形成的价值观、审美观以及思维方式。心态文化是文化的核心部分。

4. 五类说

美国著名翻译理论家奈达(Nida)认为文化包括生态文化、物质文化、社会文化、宗教文化、语言文化五类,其中涵盖了价值体系和技术体系。

二、语言

何为语言?这是一个非常复杂的问题。但语言又是实际存在的,而且语言对人类以及社会都发挥着显著的作用。下面就对语言的定义、功能与特征进行分析。

(一)语言的定义

目前,语言学界尚未对语言给出一个明确的定义,国内外的学者对此提出了不同的观点和看法。其中,国外学者的观点如下所述。

从语言的结构特点角度出发:

索绪尔(Saussure)认为,语言是一种用于表达思想的符号体系。

从语言与人类精神活动关系的角度出发:

洪堡特(Humboldt)认为,语言是一种用于构成思想的工具。

施坦塔尔(Steinthal)提出,语言是对意识到的内部的心理的和精神的运动、状态和关系的有声表达。

从语言的认知和心理的角度出发:

乔姆斯基(Chomsky)认为,语言是一种能力,是人脑中的一种特有的机制。

从语言功能的角度出发:

萨丕尔(Sapir)认为,语言是人类特有的,可以任意地使用产生的符号体系非本能地表达思想的方法。

舒哈特(Schuchardt)认为,语言的本质就在于交际。

中国的学者也对语言的定义做出了不同的界定。例如,中国"现代语言学之父"赵元任认为,语言是一种行为方式,这种行为方式依靠人的发音器官发出,并具有一定的系统性。人们可以利用这种行为方式实现人与人之间的互通信息。

(二)语言的功能

语言具有多方面的功能,为了更好地运用语言,下面对语言的功能进行详细的分析。

1. 信息功能

语言是信息的载体,语言的信息功能是语言的主导功能。语言的信息功能主要体现在,在交际的过程中人们使用语言进行沟通,将要表达的信息传递给对方。另外,人们还能使用文字的方式将信息记录下来,语言记录事件的功能也是信息功能的体现,是社会发展的前提。可见,语言是人类用来表达自己世界观、人生观、价值观的重要手段。

2. 情感功能

情感功能也是语言的重要功能之一。情感功能可以改变听者赞成或反对某人、某物的态度。克里斯托(Crystal)认为,语言是人类面临压力时释放紧张情绪的重要方式之一。例如,"上帝""天哪""该死""哦"等。奈达(1998)认为,情感功能常常在表达功能的范畴内进行讨论。表达功能可以完全个人化而不掺杂任何与他人的交际。例如,一个男人被门夹了手指后大喊"哎哟!",或者当他发现自己出门忘记带钥匙后心里的嘀咕咒骂。

3. 施为功能

以奥斯汀和塞尔(Austin & Searle)为代表的语言学家对语言的哲学研究是施为这一概念的主要来源。施为功能主要用于改变人们的社会地位,如婚礼、判刑、婴儿的洗礼等。在施为行为的过程中,使用的语言一般都是正式甚至程序化的语言。在一些特殊的宗教仪式中,施为功能还被用来控制现实世界。

4. 寒暄功能

"寒暄功能"指语言的交互性,这一术语源于马林诺夫斯基(Malinowski)对特洛布莱地(Trobraid)岛上居民语言使用的研究。从广义上讲,寒暄功能指的是那些有助于确认和维持人际关系的话语,如俚语、笑话、行语、礼节性相互问候、语体或方言的转换等。

(三)语言的特征

相关学者经过研究后认为,语言具有以下几个方面的特征。

1. 任意性

著名语言学家索绪尔经过自己大量研究后提出了"任意性"这一特征。所谓任意性,即语言符号的形式与意义之间没有必然的联系。例如,人无法解释为什么将 a cat 读作/a kæt/。语言的任意性特征体现在如下两个方面。

首先,语素音义关系的任意性。在这方面,最典型的是拟声词。拟声词是指词的发音与所描述的声音十分相似。例如,"咔嚓""哗啦"等拟声词的发音与形式似乎是存在自然联系的。然而,不同语言描写同一种声音所形成的表达方式是不同的,如汉语中猫的叫声是"喵喵",而英语中则是 mew。由此可知,拟声词的音、义之间是不存在联系的,其形式建立在自然的基础上,故拟声词具有任意性的特征。

其次,任意性与规约性。语言的形式与意义之间具有规约性的关系,这即是任意性的反面。在学习英语这门语言时,我们经常被告知这是一种"惯用法",也就是说,这种表达是约定俗成的。虽然这种说法并不符合逻辑规则,但我们并不能对这种形式进行任意的改动。语言的任意性特点使其具有创造力,但规约性又导致语言学习的复杂性。对于英语学习者来说,语言规约性尤其需要引起注意。这充分说明在记忆惯用法的过程中,我们不会关注语言的任意性,反而会对语言的规约性困惑不解。

2. 移位性

所谓移位性,即人们可以使用语言表达不在交际现场的观点、看法、物体、事件等。例如,人们可以谈论公元前二百多年前的秦始皇,可以谈论遥不可及的南极气候。

动物在遇到一些突发状况时也会立刻做出相应的反应。例如,鸟类会发出叫声来警告其他同伴有危险来临,但这与人类语言的移位性是不同的。动物的反应通常是受直接刺激引起的,但人类的语言可以不受直接刺激的控制,也就是说,人类所谈论的内容不需要靠外界的刺激来引发。也有人提出,蜜蜂能够回巢报告距离很遥远的食物来源,但这同样属于动物的一种本能反应。人类语言可以谈论已经过去或未来还未出现的事物,但狗却不能告诉同伴它的主人过几天才能回家。

3. 二重性

所谓二重性,即语言结构包括两个层次,底层的元素通过一定规则组成了上层结构的单位。二重性只存在于既有元素又有由元素组合而成的单位的系统之中。通常而言,话语的组成元素是语音,但语音本身不能传达意义,语音只有通过一定规则组合成能够表达意义的单位,即单词。因此,语音被人们看作底层单位,这是无意义的,这一层与上层单位相对立,上层单位是有意义的。对于其他任何一种动物的交流而言,都不具有二重性的特征。

三、文化与语言的关系

一直以来,中外学者都致力于文化与语言关系的研究。下面列举几个比较有影响力的学者所提出的看法。

(一)交叉关系

这种看法是由社会语言学家哈德逊(Hudson)提出的,他认为"语言是人类通过直接学习或观察他人的行为而从他人那里学到的知识"可见,在哈德逊看来,文化包括如下三类:

(1)通过观察他人,从他人那里学到的文化知识。

(2)人们共同享有的、认同的知识,这类文化知识不需要通过学习就可以习得。

(3)个人通过直接学习或是自身体验而获得的文化知识。

哈德逊认为,语言并非完全通过文化得来,其中有一部分就是人类通过对自身经验的总结而得出的。因此,个人从他人那里习得的语言即是语言与文化的交叉部分。从这一角度来看,语言与文化是一种交叉关系。

(二) 萨丕尔—沃尔夫假说

对语言影响文化的论述不得不提到形成于20世纪50年代的"萨丕尔—沃尔夫假说"(Sapir-Whorf Hypothesis),这一假说自提出之日就颇受争议,这一理论主要包含两方面的解释。

1. 语言决定论

语言决定论也叫"强势理解",是指语言决定着人的态度、思维方式以及信念等。如果语言不同,那么思维方式也就完全不同。

2. 语言相对论

语言相对论也叫"弱势理解",是指语言反映着人的态度、思维方式以及信念等。这和决定论相比就弱化了很多,语言不再是决定的作用,而是影响的作用。因此,如果语言不同,那么它的思维方式也会存在某些差异。

这一假说引发了很大争议,支持者和反对者都提出了相关的证据,关于这一假说的正确性至今并没有一个权威的说法。但实际情况是,随着人们对语言学研究的不断深入,现今已经没有多少人可以完全接受"语言决定思维方式"这一论调,但是对于"语言影响思维方式"这一论调还是受很多国内外学者追捧的。总而言之,人们既不能完全接受这一假说,又不能全盘否定其正确性,人们可以探讨的是这一假说在某种程度上的准确性。

第二节　文化与交际

一、交际

(一) 交际的定义

不同的语言对交际的定义有着不同的解释。《现代汉语词典》(1990)中对"交际"所下的定义是:"交际是人与人之间的往来接触"。由此可见,在汉语文化中,"交际"是标志着人类活动特殊领域的概念。俄文词典中则对"交际"做以下解释:(1)交通线路、通信联络线路;(2)联络、通信、交往。

英语中使用"communication"一词来表达"交际"。"communication"一词具有通信、传达、交流、意见的交换等含义。西方文化注重实质的内容,强调对消息、信息、感情平等的传递、交换、共享。《剑桥国际英语词典》(*International Dictionary of*

English,1995)将 communication 解释为:"Communications are the various methods of sending information between people and places, esp. official systems such as post systems, radio, telephone, etc. Communications are also the ways which people use to form relationships with each other and understand each other's feeling."(交际是人与人之间以及地方与地方之间传送信息的不同方法,特别是指利用先进的公共传播系统,诸如邮政、电信系统等。交际也是人们用来同他人建立关系并理解他人感情的方法。)

综上所述,"交际"一词现在泛指人与人之间的往来应酬。该词的含义与"人际交往""社交""社会交往"在本质上是一样的。因此,我们可以这样定义交际:交际是人与人之间沟通信息的过程,也就是说,交际是人们运用语言或者非语言信息交换意见,传达思想,表达感情需要的交流过程。

(二)交际的构成要素

除了发送和接收信息外,交际更重要的目的是保持人际关系。要分析交际这个复杂的过程,可以从其构成要素入手。交际包括信息源、编码、信息、渠道、干扰、信息接收者、解码、信息接收者的反应、反馈以及语境十个要素。交际构成要素之间的关系如图 1-1 所示。

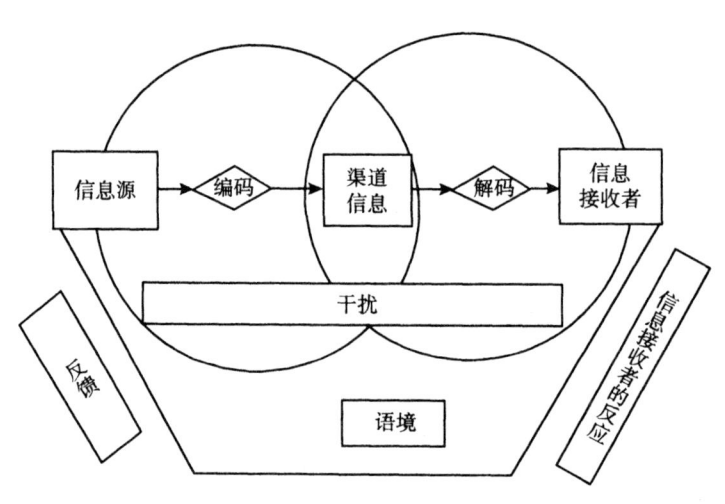

图 1-1 交际的构成要素之间的关系

1. 信息源

信息源通常指具有交际需要和愿望的人,是消息的制造者。需要就是指希望别人对自己作为个体而存在的认可、对自己思想的共享或改变别人态度和行为的社会需要;而愿望则是指试图与别人分享自己内心世界的欲望。由于交际过程通常包含多个人,所以交际中的信息源通常不止一个。

2. 编码

在交际过程中,人们通过符号进行思想的共享。将思想用符号的形式表达出来,这个过程就是编码。编码是建立在社会、文化规则、语法规则基础之上的一种心理活动。因为文化不同,同一思想的符号可能并不相同。

3. 信息

信息是编码的结果。信息就是信息源想要分享的思想,它是交际个体某时某刻的心态。信息可以通过语言或非语言符号表达出来,包括词汇、语法、外貌特征、动作、声音等。即使是相同的信息,因为接收方式的不同,发生的情景也不同。

4. 渠道

所谓渠道,是把信息源和信息接收者连接起来的媒介。在现代社会,信息传递包括多种方式:第一是书面形式,如书信、书刊、报纸等;第二是电子形式,如电话、电视等;第三是网络形式,如聊天工具、电子邮箱等;第四是声波和光波形式,如广播、录音等。除此之外,信息传递的渠道还包括气味和触摸。

5. 干扰

干扰就是指影响信息的因素。干扰大致归为三类:外部干扰、内部干扰和语义干扰。外部干扰指分散人们对信息的注意力的声音、图像和其他刺激物。内部干扰指干扰人们注意信息的思想和感受。有时,人们的信仰和偏见也会成为内部干扰。语义干扰指信息源发出的信息符号包含多个意思而造成的干扰。

6. 信息接收者

信息接收者是接收并注意信息的人。如果信息接收者是信息源意欲交际的对象,这就是有意识接收信息;如果信息接收者是恰巧听到了某个信息,这就是无意识接收信息。交际通常是一个连续不断的、反复的过程,交际双方通常既是信息源又是信息接收者。

7. 解码

解码是与编码相反的过程,也是一个对信息加工的心理活动。信息接收者积极地参与交际过程,对信息进行意义的解释。

8. 信息接收者的反应

信息接收者的反应指信息接收者在解码后的行为。信息接收者的反应可以表现为对信息源的行为视而不见；也可以表现为采取了信息源所期待以及不希望看到的行为。

9. 反馈

反馈是被信息源接收到，并且被赋予含义的信息接收者的反应。例如，针对同一本书，不同的读者会产生不同的读后感，但是只有读者表达了自己的感受，反馈才发生。交际者可以通过反馈来检验信息的传递是否成功，并及时调整自己的行为。反馈对交际十分重要，一般来说，在面对面的交谈中，交际者得到反馈的机会最多。

10. 语境

交际中的最后一个构成要素是语境，它是交际发生的场所和情景。语境可以是物理的、社会的和人际的，语境有助于人们对交际的理解。例如，一旦人们了解了交际发生的物理语境，就能够在一定程度上预测所发生的交际。

(三)交际的特征

通常而言，交际的特征包括以下几个方面。

1. 社会性

交际是在人与人之间进行的一种社会活动，具有社会性。交际的社会性是交际的本质体现，这主要体现在以下两个方面。

(1)交际的社会性表明交际主体都是作为社会成员的人。交际主体具有辨认、理解、使用交际符号的能力，他们生活在一定的文化环境中，社会文化对他们的思维模式、生活习惯、言行举止等产生重要的影响。因此，他们形成了一定文化环境中不同的交际文化，交际文化正是交际社会性的具体体现。

(2)社会的形成和发展有赖于交际活动的进行。人们形成一定的群体、组织、社区，正是由于交际的存在。社会是由人组成的。随着社会的发展，低级简单的初级社会发展成为高级复杂的信息社会，传统社会发展成为现代社会，人们也由封闭、单一的交际模式发展成为多元立体化的交际模式。由此可见，社会的发展改变了人们的交际模式，而人们的交际活动也影响了社会的变化。

2. 情境性

交际作为一种社会活动，总在一定的社会环境中发生，这种环境有形或者无形地在一定程度上影响了交际活动，从而使得交际方式深深地打上了情境的烙印。这就是交际的情境性。例如，在大庭广众之下和在私下场合，同一个交际主体的交际存在很大的差别，这就是交际情境性的表现。交际情境是通过形成一种社会心理气氛而对交际活动产生影响的。

3. 目的性

交际的目的性是指人类总是为了达到一定的目的、满足一定的需要而进行交际。例如,为了实现某些社会目的或经济目的而建立一定的群体或组织,为了获得爱情、组成家庭而寻找异性,为了寻找友情而结交朋友。目的与思维是紧密联系的。目的作为人们追求的某种对象物,一般存在于人们的行为之外,但是在人们做出追求该目的的行为之前,这一目的已经存在于人们的想象或者思维中,并且吸引着人们为之努力奋斗。而动物的行为则不是有意识的。动物的行为无论多么复杂,实质上都只是在本能的支配下所产生的一连串的机械反射活动。可见,交际的目的性同样反映了交际的本质,使人类的交际区别于其他动物的活动。

4. 符号性

符号是指人们用来指称一定对象物的标志或记号,是人们进行思维、交际的工具。语言是最基本、最重要的符号形式,同时也是人类思维、交际的最重要工具。人类的交际是借助符号来进行的,符号是交际概念中固有的概念,离开符号,就谈不上交际,这就是交际的符号性。交际的符号性是表现交际本质的重要属性,揭示了人类的交际活动与其他动物之间的相互活动的本质区别。尽管动物之间存在交往活动,但是它们彼此之间发出的是信号而不是符号,它们的交往活动是在本能的支配下进行的行为,只有人类才能够使用符号进行思维、交际。

5. 双向性

交际具有双向性特点,这是因为人类的交际是交际主体之间相互作用的活动过程。交际的双向性使交际活动与其他信息传播活动明显不同。例如,人们听广播、看电视都是单向性的传播活动。对于这类活动,我们可以清楚地区分出传播主体(信息的发出者)和客体(信息的接收者)。但是,在交际活动的整个过程中,交际参与者不仅要不断地发出信息,还要不断地接收信息,也就是说,交际主客体在交际过程中是不断转换的。因此,人类的交际活动只有主动交际和被动交际之分,却没有交际主体和交际客体之分,交际活动的参与者都称为交际主体。

6. 不能重复性

一般而言,单向传播活动具有可重复性。以公开演讲为例,尽管这一次的演讲与上一次的演讲不可能完全一样,但是实际上,大量的公开演讲彼此是非常相似的。然而,交际却是不能够重复的。这是因为在交际中来自对方的信息往往是对己方最初信息的反应,因而对方所做出的反应是己方事先难以预料的。尽管交际者在交际活动发生之前,可能会先在头脑中准备好某个信息,然后再告诉朋友。但是,交际一旦开始,除了开头那几句话以外,在交际中很难意识到会出现事先准备好的信息。对方很可能马上改变话题、音调或者谈话的目的。总之,在交际中,有许多我们无法控制的因素会干扰、改变整个情景,因此,没有任何变化地重复一次谈话是不可能的。

7. 不可逆转性

自身传播具有可以逆转的优点。这是因为自身传播没有公开的记录,只要我们愿意,就可以经常改变自己的想法。例如,今天我们计划做一件事情,明天又可以改变计划。但是,交际不同于自身传播,交际是发生在两人或者多人之间的,具有不可逆转性。例如,当一个人与另一个人发生争执后,即使有一个人在事后很后悔,也不可能将他在争执中所说的话"收回",或者是像洗磁带那样清洗干净。

二、文化与交际的关系

虽然文化与交际是两个不同的概念,但是它们二者之间的关系十分密切,具有直接的关联。文化与交际是相辅相成、密不可分的。美国学者萨默瓦和波特(Samovar & Porter)将文化与交际比喻为声音与回声,而霍尔(Hall)则认为文化就是交际,交际就是文化,文化与交际相互影响。文化发生变化时,交际的实践也会相应地发生变化。史密斯(A. G. Smith)在 *Communication and Culture* 一书中曾经指出,在现代社会中不同的人交际方式不同,这就如同世界上不同社会的人也不同一样,人们的交际方式就是他们的生活方式,就是他们的文化。

第三节 跨文化交际

一、跨文化交际的定义

所谓"跨文化交际",就是指在特定交际情景之中,具有不同文化背景的交际者用同一种语言(母语或目的语)进行的口语交际。从这一定义可以看出,跨文化交际具有以下几个特点。

(1)交际双方必须使用同一种语言进行交际。显而易见,如果交际双方使用不同的语言,那么交际就无法进行。交际双方的文化背景不同,且需要用同一种语言,那么用来交际的语言对于一方来说是母语,对于另一方来说就是习得的"目的语"。例如,一个中国人和一个英国人交谈,他们既可以使用英语,也可以使用汉语,这样就是用同一种语言进行交际,而不是通过翻译的帮助。

(2)交际双方应来自不同的文化背景。不同的文化背景所产生的文化差异是个很宽泛的概念,既可指不同文化圈之间的差异,也指同一文化圈内部亚文化之间的差异。从当前的跨文化交际实践来分析,因文化差异而产生的交际冲突主要反映在中国和西方国家的人际交往上。由于日本、韩国等亚洲国家与中国同属于东方文化圈,在交际规范、文化取向等方面存在很多相通之处,相对于和西方国家的交际而言要顺利得多,所以,这里所讨论的文化背景差异主要指中国和西方国家在文化上的差异。

(3)交际双方进行的是实时口语交际。跨文化交际可以通过多种途径进行,既可以是借助媒介的单向交际(如广播、电视、报刊等),也可以是现场的双向交际;既可以是物化形式符号的交际(如商品、画报、实物、影像、演出等),也可以是语言文字的交际;既可以是书面交际(如信函、公文等的来往),也可以是口语交际。这里主要着眼于双方面对面的交谈,即实时的口语交际。另外,还包括伴随口语交际而来的文字传播方式的交际,即书面语交际。

(4)交际双方进行的是直接的言语交际。就目前的情况来看,每年都有大量外语专业毕业生从事对外交流的工作。这些毕业生通晓两种语言,主要以翻译的角色从事跨文化交际,而翻译义是外语教学的一项重要内容,因此,外语教学界成为当前我国跨文化交际研究的主要集中地,并主要依靠"翻译"这个媒介来解决跨文化交际中的文化差异。

二、跨文化交际的方式

每个民族都有自己独特的文化,从而使世界成为一个丰富多彩的民族之林。每种文化既体现出自己的个性,同时又折射出人类的共性。因此,这些不同的文化在相互融合时主要有两种方式:一是碰撞;二是吸收。

(一)不同文化的碰撞

文化是一个民族宗教信仰、风俗习惯、思维模式、地理环境等因素的综合体现。因此,不同文化在融合过程中出现碰撞是不可避免的。例如,按照中国农历,每年的七月十五日是中元节。传说在这一天,地狱之门会被打开,已故的祖先便可以回家团圆,因此又被称为"鬼节"。在这一天,中国人常进行祭祖、祭土地、祭庄稼等活动,是一个非常隆重、严肃的节日。而具有同样内涵的万圣节在西方则多了一层好奇与狂欢的意味,人们常常带着愉快的心情来庆祝这个节日。例如,孩子们会穿上鬼魂或巫师的服装去邻居家敲门,嘴里喊着"不给糖就捣乱"(Trick or Treat)。

人们也常在南瓜表面雕刻出各种怪异脸谱做成南瓜灯。

(二)不同文化的吸收

尽管各国文化之间存在巨大差异,但在文化多元性的影响下,不同文化之间也开始相互吸收、相互渗透。例如,在中国一些国际化都市,很多楼宇内都不设13层。另外,中国的一些年轻人也开始吸收西方文化,许多西方节日如万圣节、情人节、感恩节、圣诞节等在中国已开始拥有越来越多的受众。值得提及的一个现象是,越来越多的西方国家也开始吸收中国文化。例如,在中国生活、学习、工作的外国人的数量越来越庞大,他们学习、了解中国的许多传统文化与艺术,如书法、京剧、武术等,参与中国人的文化活动,在生活习惯、思维方式上与中国人的距离也越来越小。

三、影响跨文化交际的因素

影响跨文化交际的因素有很多,既有语言方面的因素,也有非语言方面的因素。限于篇幅,这里仅针对影响跨文化交际的非语言因素展开探讨。概括来说,对跨文化交际产生影响的非语言因素有以下几种。

(一)体态语

体态语又称"身势语"或"身体语言",是人类交往的最初形式,通常包括手势、面部表情、头部动作、目光以及其他任何可以传递信息的肢体动作,是一种信息量最大、最直观、也最为人们所熟悉的非语言交际行为。著名身势学家埃克曼和弗里森(Ekman & Friesen)以功能为标准,将体态语划分为以下五类(陈俊森、樊葳葳、钟华,2006)。

1. 象征性体态语

象征性体态语(symbolic body language)有着特定的语言符号与其对应。当有些话能说但又不想说出时,就可使用象征性体态语。例如,当某些交际无法实现时(如潜水或对足球比赛进行场边指导时),也可以用体态语来替代要表述的语言,从而使交际顺利进行。又如,在电影院看电影时发现了坐在邻近座位上的一个朋友,就可以用一个象征性的动作打招呼。同样,在急于去某地的途中碰见一个同事时,为了避免因过多的交谈而耽误时间,就可使用象征性体态语。可见,象征性体态语具有极强的独立性,它不仅可以独立存在,更能够脱离其他的肢体动作而进行较为明确和完整的表达。此外,象征性动作通常被单独地应用于谈话中,而不成串地使用。

手势是一种重要的象征性体态语。例如,在交际中人们常用 V 字形和 OK 形的手势。但需要特别说明的是,相同的手势在不同的国家可能代表不同的含义,同时在表达相同的含义时,不同的国家也可能使用不同的手势。例如,中国人表示"再见"的手势是手掌与手指随手腕前后摆动,这在美国人看来是"过来"的意思,美国人通常左右摆动手掌和手指来表示"再见"。可见,非语言交际符号与其代表含义之间存在任意性。

2. 说明性体态语

所谓说明性体态语(indicative body language),是指与说话直接相关,帮助进一步表达语言意思的肢体动作。说明性体态语需要每时每刻都与语言行为联系起来,这是它与象征性体态语的区别。换句话说,只有在说话者谈话或重复谈话内容时,说明性体态语才会出现。

3. 适应性体态语

所谓适应性体态语(adaptive body language),是指交际者为了消除内心某种情绪而对自身身体或身旁物品发出的非言语行为,如拨弄头发、揉衣角、咬嘴唇、摸索书包带子、搓手等。适应性体态语一般都是发出者无意识的行为,故不表示任何含义,但它们却常常被细心的接收者理解为"窘迫""紧张""不安"等,具有一定的掩饰真实内心世界的功能。例如,通过改变发型来改变自己的外表形象不是适应性行为,只有当手对头发的动作不起美容作用的时候,才属于适应性行为。又如,脱衣服不是适应性行为,而摆弄纽扣才是。可见,适应性体态语与其他体态语的最大不同在于它是一种修饰性行为。

4. 情感性体态语

可以显露交际者内心情感与情绪的非言语行为就是情感性体态语(affective body language)。按照伊扎德(Ezard)的看法,主要情感包括 9 类,即激动、震惊、反感、欣喜、愤怒、痛苦、屈辱、鄙夷、害怕。面部表情是对外传播内心感觉和感情的主要途径,因而也是情感性体态语的主要表现形式。例如,非语言交际中的目光交流因受到文化的影响,在不同国家有不同的情况。中国人为了表示礼貌、尊敬或服从而避免长时间直视对方,常常眼睛朝下看。但是在英美人的眼中,缺乏目光交流就是缺乏诚意、为人不诚实或者逃避推托,也可能表示羞怯。因此,英语国家的人比中国人目光交流的时间长而且更为频繁。可见,在跨文化交际中要对面部表情的影响有所认识。

5. 调节性体态语

调节性体态语(regulatory body language)就是调节语言交际和保证对话流畅进

行的动作。调节性体态语主要包括调节话轮转接和缓冲动作两种。

（二）客体语

第一印象在交际过程中的重要作用是不言而喻的。初次见面时，对方的衣着、长相、体态、打扮以及一些随身物品都决定着给对方留下的第一印象，从而决定交际能否最终成功。从交际角度来看，虽然"以貌取人"一直都不被提倡，但不可否认的是外表的确可以传递出很多信息。具体来说，化妆品、修饰物、服装、饰品、家具以及其他耐用物品等既有实用性又有交际性，这些信息就属于客体语。

（三）副语言

副语言又称"辅助语言"，是指伴随话语发生或对话语有影响的有声现象，是一些超出语言特征的附加现象，如说话时的音高、语调、音质等都属于此范畴。此外，诸如喊、叫、哭、笑、叹气、咳嗽、沉默等也可以看作副语言现象。例如，说话尖刻表示讽刺，语气酸溜溜的表示嫉妒，刻意放慢语速表示强调或暗示，说话时略带鼻音可能说明有些生气，压低声音谈话表示内容较为机密，说话时结巴表示说话人比较紧张或是正在说谎等。副语言本身带有一定的含义，但是这种含义并非通过词汇、语法、语音等表达出来而是伴随语言而发生的，且对语言的表达产生了一定的影响，因此学习并掌握副语言现象对于精准理解说话者的意图具有十分重要的意义。需要注意的是，副语言在不同文化中的含义可能有所不同。例如，沉默就是一种典型的副语言现象。中国人常说"沉默是金"，这是因为在中国、韩国、泰国等亚洲国家，沉默可以表示顺从、赞成、默许、敬畏等意思，被赋予了积极的含义，在某些情况下甚至被视为一种美德。但是在英美国家的人看来，沉默一般带有负面的消极含义，常常用来表示反对、冷漠、藐视等含义，是一种不礼貌的行为，有时甚至会让人产生反感。因此，在与英美国家的人进行交谈时应尽量避免使用沉默作答，否则可能造成对方的误解。

（四）空间信息

空间信息是反映地理空间分布特征的信息，它与人口和文化有着十分密切的关系。霍尔在《隐藏的空间》(*The Hidden Dimension*)一书中用"空间社会学"(proxemics)这个词来表示人类对空间的使用，即人们在谈话交流中与他人保持的空间距离以及人们对家、办公室、社会团体里的空间的组织方式。同时，霍尔还使用"近体距离"这一概念来表示人和人之间的距离并将其分为以下四种类型。

1. 私密距离

私密距离指从接触点到人之间18英寸以内的距离。在私密距离的范围内，身体接触十分常见。由于人体的感官系统在私密距离内一般处于较兴奋状态,很容易被外界环境激发,因此,处于不舒服状态的人很容易情绪不稳定,也很容易出现反抗、攻击等行为。

2. 个人距离

个人距离的范围是 18 英寸到 4 英尺。在这个距离内,人们的感觉最舒服、最放松、最自然,因此,人们在非正式场合,如学习、工作或是聚会中习惯性地保持这一距离。在这一距离内,人们同样可以进行日常的非语言交际行为,如握手、牵手等。破坏个人距离常常给交际带来不良影响。如果我们在与他人交谈时,过于增大个人距离会使对方感受到冷遇或被拒绝。相反,如果将个人距离降至私密距离,很有可能会给他人带来紧迫感。

3. 社会距离

社会距离的范围是 4 英尺到 12 英尺。粗略地说,社会距离保持在离他人一臂之长的地方,这个距离相对较为安全。人们在一些较为正式的场合一般保持这一距离,如谈论生意或是正式会面等。处于这一距离时,人们通常不会进行过于私密的交流。

4. 公众距离

公众距离的范围是 12 英尺或是更远,是以上所有距离中最为安全的一种。由于这种距离已经超出了个人所能参与的范围,因此,在这一距离内人们通常不会发生谈论或是交流,如人们在安静的公园里读书时经常使用的就是公众距离。如果在可以选择其他距离的情况下仍然选用公众距离,就视其无意进行交流活动。中国文化属于聚拢型,讲究人与人之间关系亲近。欧美文化属于离散型,主张个人的独处。因此,在跨文化交际中要特别注意中西方空间信息上的差异。

第二章 中外文化视角下的大学英语教育研究

语言是人类交际的工具,人类可以通过语言传递信息。语言也是文化的载体,可以用来传递思想、交流感情。受地域性与民族性的影响,不同地区的语言方式也会呈现不同的特点。因此,语言与文化密不可分,作为文化载体的语言对文化起重要作用,同时文化的多样性也会影响语言的发展。随着国际化和经济一体化进程的加快,各国间的交流与日俱增,英语已经成为学生学习的重要组成部分。因此,大学英语教育如何适应不同的文化,这是大学英语教育的一个重要课题,需要英语教学工作者不断进行摸索。据此,本章就重点研究一下中外文化视角下的大学英语教育,以期为现代大学英语教育的转型提供一定的理论引导和帮助。

第一节 大学英语教育的性质

一、大学英语教育的性质

对于大学英语教育性质的认识和探讨,至今主要有三种学说,即"通用英语说""专用英语说"以及"通用英语与专用英语结合说"。其中"通用英语说"长期占据着主导的地位,而"专用英语说"随着改革的推进以及跨文化交往的日益紧密而势头更加强劲。这三种学说各有千秋,下面就重点予以分析。

(一)"通用英语说"

通用英语(English for General Purposes,简称EGP)是与专用英语(English for Specific Purposes,简称ESP)相对的一个概念,又可以称为"一般用途英语"。"通用英语说"认为大学英语教育的性质是素质教育英语,包含基础部分、综合部分以及普通英语部分。

著名学者曹燕萍指出,大学英语可以培养学生的认知能力、协作能力、跨文化能力,如果大学英语教育中素质教育的问题能够得以合理解决,那么这些高等院校培育出来的人才一定能够适应世界知识经济的挑战,成为符合需要的21世纪创新人才。

学者董亚芬认为,大学英语是大学英语教育的一个重要组成部分,它属于综合教育型,因此,不能与特殊目的型英语混为一谈。

王哲等人认为,英语教育属于大学通识教育的一部分,并且这一部分必不可少,对大学英语教育进行改革的目的就是推广通识教育

杨自俭认为,英语教育不是工具性训练过程,而是对学生进行基本素质教育的过程。

(二)"专用英语说"

对大学英语教育性质的第二种认识是将大学英语教育归属于"专用英语"。对于专用英语的定义和分类,不同的学者给予了不同的意见,甚至至今意见也未得到统一。

早在 1964 年,著名的语言学家韩礼德(Halliday)、麦金托什(McIntosh)、斯特雷文斯(Strevens)合著了一本《语言科学与语言》(The Linguistic Sciences and Language Teaching)。在这本书中,几位学者专门对专用英语的定义做了描述:"English for civilservants;for policemen;for officials of the law;for dispensers and nurses;for specialists in agriculture;forengineers and fitters"。由此可以看出,专用英语教学主要面向公务员、警察、法官、护士、药剂师、农业专家、工程师以及装配师等这些特定的职位。同时,三位学者还指出应对这些领域进行深层次的研究,然后制定出合适的教材。

达德利·埃文斯(Dudley-Evans)和圣·约翰(St. John)受斯特雷文斯思想的影响,进一步阐释了专用英语教学,从广义来说,其主要表现在四个层面:(1)专用英语应该显示出自身的独特性;(2)专用英语具有明显的跨学科性;(3)专用英语教学模式下教师角色转变;(4)专用英语教学的课程设置具有指向性。另外,两位学者对专用英语作了划分,将专用英语分为学术英语(EAP)与职业英语(EOP)两大类,其中学术英语有广告英语、医疗英语、法律英语、其他学术英语之分;职业英语有专业英语和行业英语之分。

除此之外,对大学英语教育性质的"专用英语说"阐释最为鲜明、最为完整的就属蔡基刚教授。他认为,我国目前大、中、小学教育出现了严重脱节的情况,高中英语与大学英语在课程设置上基本相同或相似。

从世界这个大范围来说,大多数高等院校的公共英语多为专用英语。要想学生能够适应国际化的挑战,提高自身的国际竞争力,就必须培养学生的专用英语能力,而不应该仅仅是听、说、读、写、译能力。在目前的大学英语教育中,教师仍旧坚持基础教育,这种亘古不变的教育定位就决定了教师只注重应试教育,再加上学生在英语学习上也严重懈怠,造成了大学英语教育的"费时低效"现象。而正是近些

年专用英语的出现,恰恰改变了这一现状,因此,如蔡基刚等人所说的那样,大学英语教育的性质应该转向专用英语。

(三)"通用英语与专用英语结合说"

除了"通用英语说"和"专用英语说"两个对大学英语教育性质的定位之外,还有人试图将二者进行调和,提出了"通用英语与专用英语结合说"。

学者陈美华认为,大学英语教育应该将基础课程、应用技能课程、语言文化课程、双语类课程等紧密结合起来。

殷和素、严启刚两位学者认为,大学英语通识教育与专用英语教育其实并不冲突,二者是相互促进、相辅相成的关系,共同对大学英语教育起作用。

另外,《大学英语课程教学要求》将大学英语教育的性质归为"通用英语",但是在其课程设置上却有这样的表述:"各高等学校应该从自身实际情况出发,按照本要求和自身学校的英语教育目标设计各自的课程体系,将综合英语、语言技能、语言应用、语言文化、专业英语等选修或者必修课程有机统一起来。"从这点来说,其课程设置实际上是通用英语与专用英语相结合的体现。

二、大学英语教育的目标体系

教育目标指的是教育活动的实施者经过一段时期的教育工作后所达到的预期结果。大学英语教育的教育目标就是培养学生的英语综合能力,包括听、说能力,使他们在今后学习、工作和社会交往中能用英语有效地进行交际,同时增强其自主学习能力,提高文化素养,以适应我国社会发展和国际交流的需要。这一教育目标所说的综合应用能力实际上指的是通过大学英语课程教育,学生能够恰当地运用英语进行沟通和交流。下面具体来分析一下大学英语教育的目标体系。

(一)对教育目标的理解

前面已经给出了教育目标的一个统一的定义,但是对于教育目标的理解,不同的学者也给出了不同的意见。

钟启泉认为,教育目标是在教学活动中,师生预期达到的学习标准和结果。

纽南(Nunan)认为,教育目标应该包含任务说明、条件说明以及标准说明三个层面,其中任务说明指的是在课程结束后能够学到或者学会什么;条件说明指的是完成这些任务需要的条件;标准说明指的是完成任务的最低标准或者达到合格的标准。

梅格(Mager)认为,教育目标可以通过行为目标陈述出来,其包含三个层面的内容:一是陈述学生的学习结果,即教育前后学生认知、技能、情感等层面的改变;二是教育目标的实现需要具备完善的教育条件及其恰当的教育方法;三是教育目标是可以被测量和观察的,并且对教育内容与教育活动起着重大的指导作用,还可以成为教育评估的依据。

(二)教育目标体系的建构

前面已经对教育目标有一个系统、全面的了解,若想建构一个完整的教育目标体系,就必须遵循一定的原则、掌握一定的方法。下面就来具体分析一下教育目标体系的建构。

1. 建构的原则

无论是什么课程,其目标体系都具有整体性、层次性、连续性、积累性等特点,当然,大学英语这门课程也不例外。英语课程目标体系所要传达的不仅仅是某一个愿望,更重要的是教育实践的参照标准。为了能够保证教育目标体系建构的科学性,我们必须坚持以下三个原则:

(1)教育目标体系的建构应该与社会要求保持一致。随着社会的不断发展,社会越来越需要具备综合能力的英语人才。在大学英语教育中,阅读能力、写作能力固然重要,但是对听说能力的需要在不断增加。这和《大学英语课程教学要求》的目标保持一致,也正如《大学英语课程教学要求》中所论述的那样,跨文化意识、学习策略、自主学习能力等都应该成为教育目标体系中的重要因素,只有这样才能保证与社会要求相一致。

(2)教育目标应该有利于推动大学英语教育改革。教育的根本是让学生能够学会学习、学会思考,在学习中做,在做中学习。受传统教育模式的影响,教师在教育中一直占据中心或者主体的地位,教师是整个英语课堂的主角,因此,导致了学生缺少足够的实践机会。《大学英语课程教学要求》中提出要调动教师、学生的积极性,尤其是确立学生的主体和中心地位,同时在教与学的关系上,应该将学生的学放在首位。但是,由于学生的课堂时间非常有限,要想达到教育目标的要求是非常困难的,因此,教师应该不断培养学生的学习能力和学习策略,让学生能够进行自主学习,这理应成为新时期我国高校大学英语教育改革的重要层面。

(3)教育目标应该具有可行性与现实性。根据《大学英语课程要求》中总的教学目标,在具体的大学英语教育实践中,如何才能将这些要求落到实处呢?这就是现在大学英语教育中必须思考的问题。教育目标必须反映教师对学生的知识、情感以及能力的期望,也必须体现学生长期目标与短期目标的结合体。总之,教育目标必须具备可行性与现实性,不应该过于笼统,要用规范、明确的言语进行说明,这样才能有助于教学活动的实际操作。

2.建构的方法

要建构科学合理的大学英语教育目标体系,首先需要对学生进行需求分析,进而综合考虑学生的语言能力与情感需求,最后保证教育目标的统一化与多样化。

(1)需求分析。通常来讲,需求分析的定义有广义与狭义之分。广义上的需求分析不仅包括学习者的个人需求分析,还包括课程组织者、用人单位以及社会的需求。而狭义上的需求分析只是指学习者的个人需求分析。

但是,国内外的语言学家和教育学者对需求分析有着各自不同的看法,他们对需求分析给出了不同的定义。

里赫特莱希(Richterich,1977)等人认为,需求并不是摆在明面上的东西,因此,很难进行分析、定义和描述。也正是这一原因的存在,研究需求分析的系统主要包含资料的收集、学习过程的分析、大量信息(如学习工具、评估方法、学习目的等)的使用。

理查德等人(Richards,1985)认为,需求分析是按照轻重程度来安排学习需求的过程。简单来说,就是与学生本身的语言程度、学习的方面以及学到什么程度有关。

国内学者陈冰冰(2009)认为,一般情况下的需求分析指的是通过一系列的方式(如内省、观察、访谈、问卷等)来研究需求的方法或技术。目前,需求分析已经广泛应用于各个领域,如服务、教育、科技等。

虽然上述学者对需求分析所下的定义不尽相同,但综合分析以上定义可以得出如下结论:需求分析应涵盖需求、优先、课程设计三个方面的内容。这三个方面互相补充,共同反映需求分析的内容、作用和指导意义。

在教育领域,研究者一致认为需求分析是确保教育有效进行的先决条件,需求分析理论的研究有利于大学英语教育目标体系的建构,进而推动教育的展开以及良好教育效果的实现。

(2)综合考虑学生的语言能力与情感需求。总的教育目标体系应该包含学生所有的语言能力,即听、说、读、写、译,还包含学习策略、跨文化意识等。我国目前的大学英语教育的发展水平明显不平衡,但是学生们经过初级阶段的学习之后具备了一定的基础。因此,在完成需求分析之后,我国应该向专业英语的角度迈进。在英语学习中,听力水平、口语水平是目前英语学习中比较困难的两方面,而且学生的听、说能力也非常欠缺,因此,学生对于这两个层面要不断地突破和提高。

另外,在大学英语教育目标体系的建构中也不得忽视情感方面的因素。由于目前大学英语教育费时低效现象的出现,很多高等院校只注重学生的知识水平而严重忽视学生的情感需求,这对于学生认知能力和情感的发展十分不利。

(3)保证教育目标的统一化与多样化。《大学英语课程教学要求》提出了三个层次的要求,即一般要求、较高要求和更高要求,其中包含了英语语言知识、学习策略、应用技能以及跨文化交际等内容。同时,从定性与定量的角度对大学英语教育的指导思想进行描述,并且要求各个学校要从自身的实际情况出发来规定自己的教育目标。从这些层面来说,该要求实际上体现出了英语教育正向着多元化与学生个性化的方向发展。

但是需要指出的一点是,在实际的大学英语教育过程中,对目标的确定可能会引起教育内容、教育任务、教育对象等的变化,因此,很多时候教育目标并不是一成不变的,需要学校、教师从自己的教育情况出发进行适当的增减,即做到具体问题具体分析。

第二节 中外文化视角下大学英语教育的现状

一、缺乏理论的支持

中国的外语教育领域缺乏宏观的规划与指导,还未形成具有中国特色的外语教育理论体系。以引进为主的外语教育理论中有些研究并没有与中国的外语教育实际紧密结合,无法真正指导中国的外语教育实践。在管理层面上,有关领导、教育行政管理部门、从业人员还存在轻视外语教育理论指导作用的现象。专家的意见和建议很少得到充分的重视和肯定。有些课程标准的设计、教材的编写、评估标准的设定往往缺乏科学的理论指导。

几十年来,教育部制定和颁发了各级各类为数众多的英语教育文件和大纲,当中却没有一个大纲认定文化教育与语言教育同等重要,更没有对文化教育标准、内容、方法和测试与评价进行过系统论述。在没有大纲的约束和指导下,教师只是凭着个人兴趣在时间允许的范围内零星给学生介绍一些文化知识而已,距离真正的跨文化教育相去甚远。

二、教学模式传统单一

受大纲的影响,大学英语教育模式传统、单一。教师是整个课堂自始至终的主角,学生只是扮演听者的角色。这种教育模式大大地降低了学生的学习兴趣和学习主动性。由于教师过分地重视教授英语基础知识,忽视英语的综合应用,从而导致出现了"聋子英语"或者"哑巴英语"等现象。虽然,近年来英语教育也在不断努力寻找各种新型的教育模式,但"填鸭式""灌输式"的教育模式依旧存在,而且在课堂上教师与学生之间的交流也仅仅是问与答的交流,而没有过多的深入性交流,因此,也就导致了学生空有语言知识,却不会学以致用。这样培育出来的学生不仅和《大学英语课程教学要求》提出的培养目标相背离,而且会被整个社会淘汰。

三、教材中缺乏跨文化内容

跨文化意识和跨文化交际能力的培养不仅需要学习者在本族文化和目的文化之间建立起一种相互比较、相互对照的关系,即 Kramsch 所说的 sphere of interculturality,而且还要求学习者对这两种文化之外的其他文化有所了解和体会。在以英语作为国际通用语进行教育的情况下,让学习者接触和了解其他文化更加必要。遗憾的是,现有英语教材中很少有涉及英国和美国之外的其他国家的文化内容,更不用说将文化普遍规律和培养跨文化意识和能力的内容和活动纳入教材。没有充足、令人较为满意的文化教育材料是我国大学英语跨文化教育中的突出问题之一。教材作为教师教学和学生学习的主要依据和向导,更是中国学生的依靠,解决现有教材存在的问题是实现跨文化外语教育目标的关键。在中国现行教育体制下,教育以教材为主,而教材中文化内容的比重必然会影响教师的文化教育。目前,外语教材呈现下述特点:

(1)我国目前使用的英语教材中的文化教育内容的组织编排缺乏系统性,辅助文化教育材料如系列文化导入教材、相关的有声资料、参考资料在中国市场上也不多见,即便是词典等参考资料上,其文化释义也呈现不足。

(2)教材中有关中国传统文化的内容极为少见,严重影响了学生文化平等意识的建立和文化鉴别能力的提高,也势必影响中国传统文化的传播。

(3)教材中说明性和科技性较强的文章所占比重较大,涉及英语文化,尤其是关于英语国家精神层面的文化材料,如价值观、思维模式、民族心理、伦理道德等较少。学生对异族文化的行为准则缺乏了解,必然会影响跨文化交际能力的培养。

(4)文化内容与语言内容有机结合的教材较少。大学英语所使用的教材大都突出语言能力的培养,相关文化背景知识通常让学生课前或课后自己阅读。以文化为基础的语言教材(culture-based language teaching)在中国极为少见,即使有,也因为教材所设计的教学活动以语言学习为主,而使文化教学的价值大打折扣。

虽然为了达到外语交际的目的,各种各样的外语教材都在努力以功能或情景为主线将异族文化信息加以呈现。但"这种旅游式的文化内容"呈现在广度上和深度上都必定有限。旅游者通常只触及文化冰山的一角,没有文化冲撞的体验,就无法培养学生对其他文化的积极态度和文化相对论的思想,满足不了跨文化外语教育的需要。学习者只有了解目的文化的各个方面、各个层次,并不断反思本族文化,才能实现提高跨文化交际能力这一教育目标。肤浅、狭隘的文化介绍反而可能会加深学习者对目的文化的成见,加重他们的民族中心主义思想。

四、过分重视应试能力

英语是我国学校教育中历时最长、学时最多的一门学科。从小学到博士,学生们都投入大量的精力去学习英语。但是,学生花费大量的时间去学习单词和语法后,依然没有真正掌握英语的运用技巧,不会用、听不懂、说不出。这是因为,传统英语教育中应试教育的倾向性严重。由于学校的选拔主要看成绩,并且以考试结果评价学校、评价教师的教育效果以及学生的学习效果,这就严重制约了英语教育的发展。

为了检验学生对英语的掌握程度,我国大学每年举行各种各样的英语选拔考试,其中最著名的就是大学英语四、六级考试。虽然四、六级考试的设置为提高大学生的英语水平和英语能力做出了很大贡献,推动了我国英语学习的发展。但是,四、六级考试主要是考查学生英语单词、语法等的掌握程度,将选择题作为标准化的测试方法,将四、六级通过率的高低作为评价教师和学生的一个重要标准,在某种程度上助长了应试教育的风气。

五、亟待解决教师自身问题

教师是学生获取文化信息的最重要源泉,教师的知识结构、教师对文化和文化教育的态度都关系到跨文化教育的成功与否。教师对外语文化教育的不同理解,都与其具体的文化教育行为(如教育内容、教育方法的选择)有直接的关系。在具体的教育实践中,教师应有意把文化信息的渗透与语言技能的教育紧密地结合在一起,在帮助学生学习和掌握语言技能的同时,还应积极地引导学生自觉了解和适应目的语文化,培养学生对目的语文化的敏感性和洞察力。

外语师资质量无疑是外语教育质量的保障。在目前我国英语教育的社会环境条件下,学生通过英语教师获得英语能力是其英语学习的主要途径,有时甚至是唯一途径。所以,外语教育不同于其他学科的教育,外语师资的质量在很大程度上决定了外语教育的质量。由于我国英语学习者人数众多,优秀英语教师一直处于短缺状态,教师整体质量不容乐观。就大学英语教师而言,教师学历结构严重偏低,据调查显示,教师中具有本科学历的占 21.78%;具有研究生学历的占 72.22%;尽管没有具有博士学历的教师,但整体学历水平已比束定芳所提到的调查结果大有改善,但也如其所说,学历提高并不意味着水平也同步提高。就教师目前的状况来说,无论是专业水平,包括语言知识、语言应用技能、跨文化交际理论和教学法知识等,还是教育理念和教育观念,都不能适应现代外语教育的要求。因此,提高英语教师整体素质刻不容缓。

六、缺乏科学的教育方法

在多文化交融这一大背景下,社会对外语人才的需求发生了巨大变化,因此,学校培养外语人才的模式也会有所变化,而教师的教育方法也应该随之改变。目前,我国大多数高等院校依旧采用黑板、粉笔、教师加课堂的教育方法。教师独占讲台,学生主要是听课、记笔记以及做练习,这种传统的教育方法主要是为了应付考试,而不能满足社会对英语人才的需求。

另外,在大学这种大规模的班级里,学生来自全国各个地方,而不同地区的教育水平又存在很大差异,因而学生的英语基础水平也存在很大差别,教育内容众口难调,教师很难照顾到不同水平的学生。即使是有条件实施小班教学的学校,大多数教师仍然倾向于采取传统的讲授方法,单调的授课方法无法调动学生的学习积极性,很难有效提高教育质量和教育效果,也就不能培养出具备跨文化交际能力的人才。

七、忽视学生的主体作用

由于学校把教师备课、讲课作为评价教学的标准,因此,要求教师不得不把大部分时间都花费在讲课上,这就出现了盲目性和机械性的弊端。新型的教育模式应该以学生为中心,注重学生的实践,发挥学生的主体作用,从而调动学生的积极性。实际上,英语学习的首要任务是学习,因此,教师教育应该以促进学生的英语学习为主要目的,也就是说,教师和教材应该努力去适应学生。实践是检验真理的唯一标准,也是检验教育成果的标准,所以教育成果应该根据学生的学习情况而定。只有这样的学习模式才能真正为学生在学习过程中排忧解难。

八、忽视文化教育的重要性

在多文化交融大背景下,大学教育正朝着国际化、多元化、合作化以及个性化的方向发展,因此,英语教育不应该与文化教育分割开来。课程是教育的基本单元,所以,也是培养学生跨文化文化意识以及跨文化交际能力的重要载体。

在我国的大学英语课程中,大多数教师和学生都认为只要掌握了英语语音、词汇以及语法,就等于掌握了英语。由于教师在教育过程中着力于语言知识的教育,忽视了英语文化背景知识的教育,从而导致学生在语言交流过程中遇到了很大障碍。语言是交际工具,如果不了解语言所承载的文化,就难以顺利地进行沟通,那么,语言的学习也就失去了意义。因此,教师在英语教育过程中要帮助学生多了解一些英语国家的文化背景知识。

第三节 大学英语多文化教育的影响因素

一、语言差异

无论是英语还是汉语,语言的词汇、句子都是语言学习的基础,只有掌握了这些基本知识,才能为英语学习打下坚实的基础。英语和汉语属于不同的语系,经过长期的历史演变形成了各自鲜明的特征。然而,要想真正理解它们的特征,就应该结合英汉语言中的词汇和句子的差异来分析。

(一)词汇差异

词汇是语言的基本构成要素,是构成语言的一个重要组成部分。英汉之间语言的差异明显反映在词汇中。下面将系统地对比一下英汉词汇差异。

1. 词汇形态差异

词汇的形态差异主要体现在构词法上。常见的英语构词法主要有复合法、拼缀法、派生法、缩略法、转化法、逆成法等,常见的汉语构词法主要有重叠法、拼缀法、缩略法以及复合法。汉语词汇一般是由一个语素构成的,更倾向于复合法;而英语词汇偏向于词的曲折性,英语词汇可以通过词的曲折变化来表示词义或者语法的变化,因此,英语构词倾向于派生构词法。这主要体现在以下几个层面:

(1)复合构词法。英语的复合构词法主要是运用两个或者两个以上的词按照一定的顺序构造成新词的方法。既然按照一定的次序进行排列,那么,词的构成必然会受到形态的影响,一般情况下会根据后边的词来确定词性。例如:

复合动词:housekeep(管理家务),overload(超载)

复合名词:setup(机构),comeback(复原)

复合形容词:one-eyed(独眼的),second-hand(二手的)

复合副词:whereupon(依据),nevertheless(然而)

汉语的复合法和英语有相似之处。汉语的复合构词法同样可以构成动词、名词、形容词、副词,而且还可以构成代词、连词等。但是,汉语是由语素构成的,那么构词不仅是从词性上来分类,更重要的是从语素之间的关系来分类,即动宾关系、主谓关系、并列关系等。例如:

动宾关系:举重、承包、跳舞、施政等。

主谓关系:心疼、头痛、国营、自卑等。

动补关系:交完、展开、开发、推行等。

偏正关系:双杠、雪白、鸟瞰、海归等。

时间关系:先后、朝夕、古今、早晚等。

心理关系:父子、亲朋、长短、胖瘦等。

在现代汉语中,除了以上几种构词关系之外,还有特殊的联合构词法和重叠构词法。所谓重叠关系,就是由两个相同词根的词组成,如哥哥、姐姐、奶奶、刚刚、仅仅等。联合构词是由两个意义相同、相反或者类似的词组成的汉语词汇。例如:

同义联合,即意义相同,如文学、贸易等。

反义联合,即意义相反,如异同、始终等。

类义联合,即意义类似,如针线、尺寸等。

通过对以上构词的研究,可以熟练地掌握英汉复合构词的要素以及要素之间的排列次序,从而对英汉词汇学习提供强有力的帮助。

(2)词缀构词法。英语构词偏重于词的曲折变化,因此,词缀构词法是英语研究的重点。词缀构词法是英语构词法的核心,英语中有很多词都是在词根的基础上增加前缀或者后缀衍生出的新词。

①前缀构词法是在词根基础上增加前缀,词根一般是名词、形容词、动词等,词缀一般以否定词缀为主。例如:

名词前缀构词:dis+pleasure=displeasure,un+concern=unconcern

形容词前缀构词:il+legal=illegal,non+native=non-native

动词前缀构词:in+activate=inactivate,mis+judge=misjudge

除了否定前缀之外,常用的前缀还有 inter-、pro-、sub-等,构成的词有 international,proverb,subdue 等。通过这些例子可以看出,前缀构词法在一般情况下改变了词的意思,但是词性却没有改变。

②后缀构词法是在词根的基础上加上后缀,但是增加了后缀之后,词的性质和意义都发生了变化。例如:

后缀加 er/or 表示……者/人或者……物:teach(动词教书)+er=teacher(名词教师),bestsell(动词畅销)+er=bestseller(名词畅销书)

后缀加 ism 表示……主义或者……学说:spiritual(形容词精神的)+ism=spiritualism(名词唯心主义)

后缀加 ness/ment 构成名词:ill(形容词生病的)+ness=illness(疾病),agree(动词同意)+ment=agreement(名词协议)

可见,英语词缀构词法处理了词根、前缀、后缀之间的关系,也是学生记忆单词、理解句子的一把重要的钥匙,学生要记住成千上万的单词是很困难的,但是如果掌握了这些构词的方法,那么就非常容易记忆了。

汉语中也有词缀构词法,它的意义与英语很类似,主要是在表示意义的词根的基础上增加意义的词缀。但是,汉语中词缀的数量很少,而且加缀情况也不固定,因此,应用并不是很广泛。汉语中的词缀构词主要有前缀、后缀和叠音后缀三种。例如:

前缀构词:词缀+词根的形式,如阿哥、老虎、小王等。

后缀构词:词根+词缀的形式,如胖子、桌子、读者等。

叠音后缀:词根+叠音词缀的形式,如红澄澄、暖洋洋、热乎乎等。

从汉语意义上来说,这些词缀是可有可无的,但是增加了这些词缀会使语言更圆润并且更通俗易懂,因此,词缀在汉语语言中也是极其重要的。

2. 词汇意义差异

有人认为,所有语言的意义都是相同的,这种观点是错误的。受不同文化背景的影响,英汉的词义文化也存在明显的差异。美国著名学者利奇(Leech)将意义分为以下七种类型,即指称意义(denotative meaning)、内涵意义(connotative meaning)、风格意义(stylistic meaning)、情感意义(affective meaning)、反映意义(reflective meaning)、搭配意义(collocative meaning)和主题意义(thematic meaning)从利奇的观点可以看出,词汇意义不仅指的是指称意义,还包括内涵意义、风格意义等一些联想意义。在这些意义里面,除主题意义之外,其他都与词汇有着密切的关系。

(1)词义特征差异。英语词义具有灵活性和多变性,因此,很依赖上下文的内容。例如,英语中的"aunt"一词,既可以指"伯母""叔母",又可以指"阿姨""姨母""姑母""舅母";英语中的"uncle"一词,既可以指"叔父""伯父",也可以指"姨夫""姑父"等。因此,如何正确理解这个词的词义就需要理解整句话甚至整段话的意义。

与英语词义特征不同,汉语词义的主要特征是简明、生动、表意明确、辨析精细,这主要是由汉语单字搭配的灵活性决定的。汉语词义具有明显的语义繁衍能力。

下面以"生"这个字作为例子来分析。"生"这个字可以衍生出很多词语。例如,代表一些可以发育并能发展壮大的物体,如滋生、生长等;代表活的、有活力的事物,如生存、生命、生机等;代表正在学习的人,如学生、招生等;代表不熟悉的、不常见的事物,如生疏、陌生等。此外,还有生火、生手、儒生等一系列以"生"为根的词,但是这些词语的意义却大不相同。可见,汉语词义是灵活和宽松的,也是丰富多彩的。

(2)指称意义差异。词汇的指称意义即词语的外延意义,指的是一些词语在句子或文章中具体描述的对象或者在词典里面约定俗成的定义。由于历史传统、文化背景以及思维方式的不同,英汉词语的指称意义也不尽相同。这具体体现在以下几个方面:

①指称意义完全对应。英汉词语的指称意义有些是完全对应的,尤其是那些专用词汇、技术用语以及自然现象等,如 earthquake(地震)、radar(雷达)、lunch(午餐)等。

②指称意义部分对应。英汉指称意义部分对应是指词语在各自语言中涵盖的意义仅在一个或者若干个词义上是相对应的,其他都是不尽相同的。例如,"marry"一词包含嫁与娶的意思,说明汉语词义窄而英语词义宽;"借"一词可以用"borrow"或"lend"两个词表示,说明英语词义窄而汉语词义宽。

③指称意义完全不对应。在英汉词语中,有些英语词汇的指称意义在汉语中找不到合适的词语与之相对应,反之亦然,这就是完全不对应或者对应空缺的情况。在这种情况下,很多时候都是采用借用外来词来进行解释和翻译,如 bikini(比基尼)、chocolate(巧克力)、气功(Qigong)、风水(Fengshui)等。

通过对比英汉词语指称意义的差异不难看出,有的词义可以完全对应,有些是部分对应,有些是根本不对应。因此,只有对这些词语的意义进行正确的理解,才能保证在交流中传递出正确的信息,顺利进行跨文化交际。

(3)联想意义差异。从狭义上说,词语的联想意义就是内涵意义,是指在不同的语篇、不同的上下文使用时所传递出来的特殊信息、情感以及价值等。广义的联想意义还包括风格意义、情感意义、反映意义以及搭配意义等。

①词汇的内涵意义不同。英汉语言都有其存在的内涵意义,即词语在特定含义的基础上产生在人脑中的某种联想。但是,内涵意义并不能独立存在,而是需要附着在其指称意义上,而且在英汉词语中有很多词语都是指称意义相同而内涵意

义不同,如表 2-1 所示。

表 2-1　英汉词语中指称意义和内涵意义不同的示例

词语	指称意义	汉语内涵意义	英语内涵意义
old	老	传统;守旧	成熟;经验丰富
young	年轻	精力旺盛	无经验,无持久性
individualism	个人主义	以自我为中心的行为倾向	是西方的社会学说,主张个人价值和重要性

②词汇的风格意义不同。风格意义也称作"文体意义",这和语言使用的社会环境有关。语言可以反映出社会环境的特征,如英国、美国等国家都在使用英语,但是由于其社会状况和地理环境存在差异,因此,各个国家所传达的语言实际意义也不一样。例如,firm、company、corporation 三个单词都是表示"公司"或者"企业"的意思,但是它们使用的场合却有所不同。其中 firm 一般指规模较小的公司,常用于文学用语中;company 一般指规模较大并带有自己的制度、文化的公司,一般用于较正式的场合;corporation 一般指法人团体或者大的跨国公司,一般用于法律或者公文上。

③词汇的情感意义不同。情感意义是指语言使用者隐含在语言中的感情与态度虽然英汉文化背景存在差异,但是英汉语言中都存在着一些具有情感意义的词汇。情感意义不是独立的,需要通过指称意义、内涵意义等表达出来。例如,"I told him that physically, fiscally and spiritually I and all members of my family had been wiped out."这句话的意思是"我告诉他我和我的家人在精神上、肉体和经济上都被搞垮了"。这摘自于一篇求职者求职艰难的文章,其中作者用了 wipeout 而不是 wearout,不仅表现出求职者的绝望,也表达出了作者对这名求职者的同情。

④词汇的反映意义不同。反映意义是听者听到一个词时对这个词的反映并联想到的其他意义。英汉词汇中存在着大量的一词多义现象,当一个词的其他意义构成听者对这个词的反映时,那么这些词义就是它的反映意义。例如,Holy Ghost 与 Comforter 都是"上帝",但是前者让人感到敬畏,后者偏向于舒适、安逸。可见,这些词虽然指称意义是相同的,但是它们的反映意义却存在很大差别。这说明了英汉民族是从不同的角度和方式来看待同一事物的。另外,英汉民族的着眼点也是不同的,如"名片"(business card)这个词,英语民族主要是为了用于商务交往,因此更看中这张卡片的用途。而汉语民族看中的是名分,因此更注重卡片的内容。

⑤词汇的搭配意义不同。搭配意义是指在一个词与另一个词搭配下引发的联想意义。同一个词与不同的词进行搭配时,所产生的联想也是不同的。例如,汉语中的"副"这个词大多与职务相搭配"副校长""副总理""副教授"等。在英语中,"副"一般被翻译成 deputy、vice、under 等,但是应用到不同的职位上,表达的意义就大不相同。例如,deputy 除了含有"副"的意思,还有"领导不在代行职责"的意思,常与 head,mayor 等搭配;vice 有"代理"的意思,常常与 chairman,president 等相配;under 则注重强调搭配词语的地位或者权力,常与 secretary 等词语连用。可见,英语着重强调搭配词语代表的职责、地位等,而汉语中则掩盖了这些地位的差异,突出尊卑。

可见,与指称意义相比,词汇的联想意义理解起来更加困难,因此需要将词语放在特定的语境中进行分析。这就要求学生在掌握基本语言知识的基础上,努力学习语言之外的知识,如背景知识、文化知识等。

(4)文化意义差异。语言是文化的载体,文化渗透到语言的各个层面,其中包括词汇方面。英汉的文化差异导致词汇在句子、语篇中所指代的含义也存在明显差异。在跨文化交际中,由于严重缺乏对社会环境以及文化背景的了解,导致很多词汇的应用出现偏差。

①概念意义相同而内涵意义不同。在语言学习中,人们常用一些实在的物品来表达某些品质或者特征,但是由于文化的差异,同样的物品所代表的意义也是不同的,如英语和汉语中都有"龙"(dragon)这个词,在汉语中,"龙"这个词是神圣的意思,常常有"龙的传人"这种说法出现;而在英语中,"龙"这个词却是邪恶、丑陋的。

②同一所指而表达不同。由于英汉文化存在明显的差异,同一所指的事物在不同语言里用不同的词来表达,如"他脸色变成黄色"(he turns pale),同样都是黄色的意思,但是 pale 本意是"苍白色",用在句子中同样都是指代人受到惊吓或者恐惧时的表情,表达却不一样。

③字面意义相同而实际语义不同。在英汉两种语言中,有不少词汇看似是指同样的事物或者人物,但是实际却风马牛不相及。例如,street woman committee 从字面意义上理解为"街道妇女委员会",而且很多报纸、杂志也都是这么翻译的,但是实际上 street woman 是"妓女"的意思,这与"街道妇女委员会"相差甚远,很明显,译者只注重了词的表面意思,而忽视了词的联想意思,这个词的正确译文应该是 neighborhood woman committee。

通过对比英汉词汇的差异,学生可以更深层次地了解各自的词汇系统在意义上和使用特点上的异同。对两种语言进行对比和分析,可以帮助学生有条理地掌握英语词汇的意义和用法。

(二)句子差异

句子是由词或者词组构成的能够表达完整意思的一种语言单位。虽然英语和汉语在句子上存在着相似性,但是由于不同的民族文化、历史背景,英汉句子都存在着独有的特征及表达方式。下面就对比分析一下英汉句子的基本句型、句子结构的差异,以期教师在大学英语教育中对句子的差异给予一定的重视。

1. 英汉基本句型差异

句型是造句的基本模型,是句子的基本框架。由于英汉语言各自的特征,两种语言下的句子存在相同点和不同点,相同之处就是两种句子都是按照主谓结构排列的,不同之处在于谓语部分的完整性上,即英语句子注重谓语完整,而汉语则不一定非要完整。

(1)句型层次。从句型层次上来说,英汉对句子划分的依据并不是完全一致的。英语句子一般分为简单句、复杂句、并列句以及并列复杂句。例如:

The boy is reading. (简单句)

The boy is reading and his sister is playing. (并列句)

The girl who I know is his sister. (复杂句)

When the girl is seven years old, she begins to go to school but her brother has been an entrepreneur. (并列复杂句)

汉语句子中也存在类似的划分法,句子可以分为简单句、复杂句,复杂句又可以分为并列复杂句和偏正复杂句。例如:

他喜欢放风筝。(简单句)

我是电影明星,我妹妹是企业家。(并列复杂句)

因为他是一名大学生,所以村里面的人都很羡慕他,但是他总是觉得不以为然。(偏正复杂句)

从以上句法层次的对比可以看出,与英语相比,汉语更加注重句法和语义融合为一体。很明显,英语复杂句中的部分句子存在层级、包含的关系,但是汉语复杂句中的分句是独立的平等关系。

(2)句子顺序。英汉两种语言在安排和建构句子的顺序上存在着某些相似的地方,但是也存在着一些差别,尤其是在信息编排的顺序上。关于重要信息的陈述,英语一般习惯将其放在句首的位置,这就是英语国家习惯的开门见山,而汉语一般习惯将最重要的信息放在最后的位置。汉语一般选择自然语序,而英语两种语序都有。这主要表现在以下几个层面上。

①英语先表态后叙事,汉语先叙事后表态。当句子中既含有叙事成分,也含有表态成分的时候,英语通常会将表态放在前面,而后是叙事,其中表态的部分比较短,叙事的部分比较长。例如:It is regrettable that the aggressive market strategy of Japanese colleagues and their apprentices in Korea has resulted in destructive price erosion for consumer electronics goods.

从这个例子可以看出,英语国家总是首先表达个人的感受、观点、态度以及结论,因为英美国家的人们认为这是最为重要的,然后才开始将事实和理由娓娓道来,形成一种头短尾长的结构形式。值得注意的一点是,英语中比较习惯采用 it is…to 的形式来表达,这也是为了英语先表态后叙事而准备的。

汉语的句子一般叙事在前,将事情叙述清楚之后才会进行表态,因为汉语国家人们认为叙事起的是铺垫作用,两者是前因后果的关系,符合汉语国家人们的一般性思维方式。例如:

我认为,如果老年人对个人之外的事情存在强烈的兴趣,并适当参加活动,这样他们的晚年是最容易过得好的。

②英语先结果后原因,汉语先原因后结果。在英语中,因果关系主要体现在复合句中,对于因果哪个先说哪个后说,英语中都存在对应的句子,但是从总体上来说,英美人更偏重的是先说结果,后提及原因,这是由于他们认为结果要比原因更重要。例如:

The era of open discrimination ended in the 1960s through the courageous actions of thousands of blacks participating in peaceful marches to force Southern states to implement the federal desegregation laws in schools and public places.

20 世纪 60 年代,数以万计的黑人参加和平示威游行。他们的勇敢行为迫使南方各州执行联邦政府关于在学校和公共场所废除种族隔离的法律,这样就结束了公开歧视黑人的时代。

从上面的例子可以看出,英美人习惯将信息的中心放在句首来说,如果用中文说同样的意思,就需要将语序进行变动,将信息的中心放置到最后,这就符合了中文的习惯,先原因后结果。

③英语先前景后背景,汉语先背景后焦点。所谓背景,是指事件发生的时间、地点以及伴随的情况等一些不重要信息或者细节。而前景可以理解为信息的焦点,因此英美人先焦点后背景,即习惯将最重要的信息放在句首来说。例如:

It was a great disappointment when I had to postpone the visit which I had intended to pay to China in January.

上述句子中,a great disappointment 是本句的焦点,因此英美人将其放在句子的最前端,而后叙述 a great disappointment 的原因、时间、地点以及相关的事情。而如果用汉语表达同样意思,就应该是"我原来打算一月份访问中国,后来不得不推迟,这令我深感失望。"很明显,作者将这些原因、时间等放在前面,而后得出问题的焦点。可见,在背景和焦点问题上,英汉语言存在着明显的差异。

2.英汉句子结构差异

对于句子,英语国家注重语言的化零为整,而汉语国家则注重化整为零,这就是所谓的英语重形合,汉语重意合;英语凸显主语,汉语凸显主题的表现。

(1)形合与意合。所谓形合,指词语或者分句之间用语言形式手段连接起来,表达语法意义和逻辑关系。所谓意合,指词语成分或者分句之间不用语言形式手段连接,其中的语法意义和逻辑关系通过词语或分句的含义表达形合与意合是英汉在语言学上的一个重要区别。

英语国家认为清晰合理的思想是由词语和句子决定的,只要句法完整,那么要表达的思想肯定也是完整的。而汉语国家的人们十分注重意念,重视直觉的效果,只要能够准确表达出意思,词的形式问题可以不予计较,这就是汉语的重意合。下面就来看一下形合与意合在句子结构上的差异性。

①英语严谨而汉语洒脱。英语句法重形合,就要求句子的各个成分都是相互的,而且其中用合适的词语进行连接。而汉语只要意思是贯穿的,不需要运用连接词语就可以表现出画面或者意境。例如:

他不来,我不去。

I will not go there if he won't come here.

从上面的例子可以看出,汉语的两个句子之间没有从属关系,显示出句子是简单、松散的;而英语的句子用了 if 进行连接,两者变成了条件关系,一个连接词的使用让整个句子更严谨。当然,在这个句子中也可以使用其他的连接词,比如 as soon as 或者 even if,那么表达的意义也就有所不同,但是和汉语比起来,却更容易让人理解。

②英语缺乏灵活而汉语富于弹性。英语缺乏灵活主要是因为过多地依赖关联词语,不能随便地去除,如"他去,我不去"这句话,如果用英语说成"He go and I am not go."则很难让英语学习者理解,所以在英语教育中,教师必须引导学生运用连接词将其加以连接,具体表达如下。

Because he goes, I will not go.

因为他去了,所以我不去。(因果关系)

Even if he goes, I will still not go.

即使他去了,我也不会去。(让步关系)

If he goes, I will not go.

如果他去了,我就不去。(条件关系)

He goes, but I will not.

他去了,但是我不去。(转折关系)

可见,只有运用了这些连接词,英语句子才能传达出准确的意思。

(2)构成元素差异。句型的差距主要表现在句子的构成元素上,即结构的完整性上,句子的结构完整性必然涉及主语和谓语。从句子的构成元素来说,英语句子注重结构完整,要求每个句子必须包含一个或者一个以上的主谓结构,其主要表现在以下五种句型。

①主语(Subject)+谓语(Verb)。谓语一般是不及物动词。

The boy　　　　is crying.
　主语　　　　　 谓语

②主语(Subject)+系动词(Link verb)+表语(Predicate)。系动词一般用来表示状态或者变化。

The girl　　　looks　　　　beautiful.(表状态)
She　　　　　turns　　　　ugly.(表变化)
主语　　　　　系动词　　　　表语

③主语(Subject)+谓语(Verb)+宾语(Object)。谓语一般是及物动词。

He　　　　　takes out　　　his money.
主语　　　　　谓语　　　　　宾语

④主语(Subject)+谓语(Verb)+间接宾语(Indirect object)+直接宾语(Direct object)。一般情况下,间接宾语去掉后不会影响句子,直接宾语一般用物品来充当。

He　　　gave　　　him　　　　a book.
主语　　 谓语　　　间接宾语　　直接宾语

⑤主语(Subject)+谓语(Verb)+宾语(Object)+补语(Complement)。补语的作用是补充说明宾语的身份、特点、动作等,一般是名词、形容词、副词、介词短语等。

You　　　should keep　　the room　　clean.
主语　　　 谓语　　　　　宾语　　　　补语

与英语相比,汉语句子主要分为主谓句和非主谓句,而且结构不一定是完整

的。主谓句的谓语不一定要包含动词,而且任何词语都可以作谓语,包括动词性谓语句、形容词性谓语句、名词性谓语句等。例如:

孩子们在上课。(动词性谓语句)

这些花很美。(形容词性谓语句)

她今年三十岁。(名词性谓语句)

非主谓句就是句子可以没有主语的句子,当然也包括动词性非主谓句、形容词性非主谓句、名词性非主谓句等。例如:

下雪了。(动词性非主谓句)

太妙了!(形容词性非主谓句)

王经理!(名词性非主谓句)

3.英汉被动语态差异

被动语态在英语句子中是十分常见的。英语中多数及物动词和相当于及物动词的短语都存在被动式。英语被动语态常用于以下几种情况:当不必说明行为的实行者时;当不愿意说出实行者时;当无从说出实行者时;便于上下文连贯衔接时等。例如:

She was offered a job in a middle school.

The scientific research plan has already been drawn up.

相反,汉语中却很少使用被动语态,原因是多方面的。首先,汉语中很少使用被动语态是由于其频繁使用"主题—述题"结构。其次,受中国思维习惯的影响,中国人注重"悟性",强调"事在人为"和个人感受等,所以汉语中少见被动语态。

汉语被动语态的表达方式与英语的被动语态也有较大差异,其多借助词汇手段表达被动语态。这种手段一般又可分为两类:一类是有形式标记的被动式,如"让""给""被""受""遭""加以""为……所"等;另一类是无形式标记的被动式,其主谓关系上有被动含义。例如:

他买到了想买的地毯,但是让人骗了。

中国代表团到处都受到热烈欢迎。

二、文化差异

受历史、地理、宗教等因素的影响,中西文化存在一定的差异。为了更好地进行跨文化交际,在大学英语跨文化教育中有必要对中西文化进行对比研究。下面从几个比较有代表性的角度进行分析。

(一)历史文化差异

中西各个民族在不同的历史时期都形成了独特的历史文化,这里所说的历史文化是指随着历史的发展和文化的沉淀,呈现的各自语言中的传统说法、格言、典故、成语等。例如,汉语中有"抓辫子"(找碴儿)、"吃红蛋"(娶媳妇,生儿子)、"月老与红娘"(介绍人)、"河东狮吼"(泼妇)、"老泰山"(岳父)、"仨瓜俩枣"(一星半点的小东西)、"戴绿帽子"(妻子不忠)、"戴高帽儿"(奉承)等俗语。而成语中蕴含的特定文化意义则更加丰富,如"背水一战""欲擒故纵""负荆请罪""卧薪尝胆"等。

而英语中的 round-table meeting, face the music, loneliness industry, meet one's Waterloo, beat the air, January chicks, green revolution, black Friday, talk turkey, white elephant 等都打上了历史文化的烙印。以下就通过表2-2来了解一些英汉历史文化差异的例子。

表2-2 英汉两种语言在历史文化方面的差异示例

英语表达	汉语意义
doubting Thomas(怀疑的托马斯)	不肯轻易相信他人的人
gild the lily(为百合花镀金)	画蛇添足
big fish(大鱼)	大亨
look for the grass on top of the oak(橡树顶上找草)	缘木求鱼
a peacock in the shed(牛棚里的孔雀)	鸡窝里飞出金凤凰

(二)社交文化差异

中西方在社交文化方面也存在一定的差异,表现为问候方式、送礼与收礼、告别话语以及致谢与答谢等方面的差异,下面逐一进行说明。

1. 问候方式的差异

中西方在问候方式上存在着一定的文化差异,下面主要从关心式问候、称赞式问候对其展开分析和讨论。

(1)关心式问候。关心式问候指说话者对听话者身体、工作或者生活等方面的关心。汉语中"早饭吃了吗?""你到哪儿去?"和英语中的"How are you?""How are you doing?""How is everything?"等都属于这一类。值得注意的是,"早饭吃了吗?""你到哪儿去?"等问候形式本身没有具体的意义,也不是刻意地要求对方做出回答,只是一种表达寒暄的问候方式。但是,在英语文化中,前者表示要请对方吃饭,这会产生误解;后者更是无法被欧美人士接受,他们会认为对方在打探自己的隐私。

(2)称赞式问候。两人见面时,还可以采用称赞的方式问候对方,但是英汉语言在这一方面却有着不同的表达。例如,在中国,长时间没有见面的两个女性朋友,过了一段时间见面后会说"你变苗条了"等,这些话语是对听话人的赞美,意为对方最近的身体和生活状况都很好。然而,对于西方人来说,长时间没有见面而再次相见时也会用称赞语(如"You look so great!"等)互相问候,但是不像中国人表达得如此具体。

需要注意的一点是,在汉语文化中,"说一个人没怎么变化"是表示对其赞美。然而,在英语文化中,这却是一个贬义色彩的评价,表示对方一直安于现状,没有取得进步。

2. 送礼与收礼的差异

中西方在送礼和收礼方面也存在着明显差异。

(1)送礼方面的差异。中国人崇尚"礼尚往来",在送礼时十分注重礼品的价值,他们认为礼品的价值越高、越贵重则意味着对方对自己越尊重。例如,送给新婚夫妇的礼物常是一些生活用品或一些小的家用电器;为新生儿庆生或抓周则常常送包装精美的小衣服等。另外,如果送礼的人送的是高雅的礼品,他们也十分注意其实用价值。例如,中国人送字画、邮册,看重的并不是对方能否懂得欣赏,而是字画、邮品本身的收藏价值。通过送礼,中国人一般认为可以加深与亲朋好友的关系,建立或者扩大自己的关系网。

与中国人不同,在赠送礼物时,西方人不太看重礼物的轻重和价格的高低,而将礼品的意义看得更为重要,也就是追求的是"礼轻情意重"。例如,西方人应邀去朋友家吃饭时,通常送给男主人一瓶葡萄酒,或者送给女主人一束鲜花。

(2)收礼方面的差异。当主人收到赠送的礼物之后,中国人一般不会立刻拆开礼物,因为他们认为在送礼人面前拆开礼物是非常不礼貌的,因此会选择送礼人离开之后再打开。

但是西方人却是恰恰相反,他们在收到礼物时会当面将礼物拆开,欣赏一下礼物,然后会对其加以赞美并对送礼人表达感谢之情。

3. 告别话语的差异

中西方在告别话语上都有其自身的结构模式和表达形式,具体来说,英美人在告别时往往会微微一笑或者打个再见的手势,或者会简单说 Good-bye, Bye-bye 等。但是在中国,如果客人(往往是贵客或者不太熟悉的人)准备离开时,主人会将客人送到大门口,然后客人会说"请留步"等类似的客套话,而主人也会说"慢走""慢点开"或者"路上小心"等。

4. 致谢与答谢的差异

中西文化在致谢方面大体上是相同的,只有一点例外,在汉语文化中,关系亲密的两个人之间是不需要致谢的,尤其是在家庭成员之间,对于家人的帮助是不需要表达谢意的。然而,在英语文化中,关系再亲密的两个人之间都需要表达谢意,如夫妇之间、母子之间、母女之间等。

(三)思维文化差异

不同的民族在思维方式上也有着巨大的差异。思维文化指的是思维方式的差异在语言与文化中的种种表现。中西思维文化的具体差异体现在以下几个方面。

1. 时间观念

中西文化在时间观念上存在一定的差异,主要表现为以下三个层面。

(1)"过去时间取向"与"将来时间取向"。中华民族有着悠久的历史,中华文化也是辉煌璀璨的,因此中国人自古以来就非常注重历史。在用词上,汉语中也特别注重使用"前"这个字,如"前无古人,后无来者""前所未有"等,这里的"前"字并不是以前的意思,而是指代过去,表明中国人对过去比较偏爱,这就是中国人的"过去时间取向"。

西方国家尤其美国是一个历史很短的国家,只有200多年,相对其他国家漫长的历史来说,根本不值一提。美国人的先辈从欧洲移民至此,之后在开发新天地的过程中也形成了一种新的文化。这种新文化继承了欧洲的文化,但是又跟旧世界的传统有所不同。因此,在西方人尤其是美国人眼中,比较期盼未来,在用词上比较偏爱forward(代表未来)这个词语,如look forward to,在这里的forward并不是指代"前",而是指代"未来的时间"。

(2)重过程时间观和重开头时间观。在时间序列选择上,中国人比较注重过程,过程处于优先的地位,然后从大到小,一切事物都按照循序渐进的顺序进行叙述。通过一点一点地摆出理由,使对方提前有心理准备,然后归纳出自己的观点,他们会选择把实质性的问题放在最后。

而西方人则恰恰相反,西方人比较重视开头,开头处于优先的地位,然后从小到大地进行叙述。在交流中,西方人会首先摆出自己的观点,然后再进行论证。

(3)环式时间观和单式时间观。中国人由于昼夜更迭、四季交替而逐渐形成了一种环式时间观。环式时间观总体上给人一种时间上的充裕感,使人们保持一种做事不紧不慢的态度。所谓"失之东隅,收之桑榆",就是这一观念的体现,认为失去的东西还能有时间补回来。因此,中国人的守时观念相对比较薄弱。

而个体独立、个人奋斗、追求实利和物质享受等价值观是西方文化的突出特点,他们认为时间失而不可复得,这使得西方人不太留恋过去,而是对现在的生活十分重视,抓紧每时每刻享受生活。在西方人眼里,时间是有始有终的,所以他们有很紧迫的时间观念。例如:

Time is money.

时间就是金钱。

Time and tide wait for no man.

时不我待。

这两个句子都是西方人潜在的观念,这种紧迫意识使得西方人把更多的注意力放在了对未来事情的规划和实现上。

2. 表达方式

中西方文化在表达方式上有着各种差异,下面主要从人状物的描述顺序、方位表达、民族表达三个方面存在的差异进行分析。

(1)人状物的描述顺序差异。英语中对人状物的描写顺序多为"动作、地点、时间",而汉语中对人状物的描写顺序多为"时间、地点、动作"。例如:

We'll meet at Lao Wang's home tomorrow.

我们明天在老王家碰头。

(2)方位表达差异。在方位表达方面,英语文化多呈现"纵向"表达,而汉语文化多呈现"横向"表达。例如:

northeast 东北

northwest 西北

southeast 东南

southwest 西南

(3)大小表达差异。英语习惯于从小到大,而汉语习惯于由大到小。其具体体现在以下几个方面。

①钟点表达方面。例如:

9 minutes past 4 p.m. 下午4点9分

②日期表达方面。例如:

8 June,1985 1985年6月8日

③城市大小表达方面。英语中通常按照由小及大的表达顺序进行表达,而汉

语中则是按照由大及小的顺序表达。例如：

small, medium-sized and large cities 大中小城市

第三章　大学英语教学中的跨文化教育

当今社会是一个多元文化的社会,包容和接纳各种文化。与之相应地,教育也在发生着变化。大学英语教学如果不进行跨文化教育,那么学生走出社会后就难以跟上时代的步伐,无法适应转型中的社会。因此,在多文化交融的大背景下进行大学英语跨文化教育就显得尤为重要。本章具体探讨大学英语跨文化教育的必要性、跨文化教育的内容与目标以及跨文化教育的实施原则与策略。

第一节　加强大学英语跨文化教育的重要性

一、了解文化是理解语言的关键

在传统的英语教学中,有四个要素是必须包含在内的,分别是语音、语法、词汇、修辞。它们不仅属于英语语言的四个部分,还应该归属于我国英语教学的中心任务。然而因为语言与文化是密不可分的统一整体,所以事实上,对以上四个方面内容的全面了解,也只能算作对语言的部分内容的了解,而不是对语言全部内容的了解。

任何语言不仅都反映着某种文化,属于文化的一部分,而且也算得上是文化的传播工具,承载着文化。就拿英语来说,如果学生仅仅了解英语的语音、语法、词汇、听力、阅读、写作等知识和技能,却不了解英语语言所承载的文化,那么他们就难以完全理解并正确使用英语。因为文化决定思维,文化决定语言的表达方式。

总而言之,语言与文化是相互渗透、相互作用、密不可分的,两者相辅相成。语言渗透于文化的各个层面,是文化不可分割的一部分,因此语言的学习不可能脱离文化而单独存在。英语教学从某种程度上来讲就是跨文化教育,跨文化教育是英语教学的一项重要内容。

二、弥补英语文化教育的缺失

因为一些主观和客观方面的原因,在中国20世纪中叶之后,英语教学严重忽视了文化知识等方面的内容。因此,这就导致培养学生的综合素质成了21世纪外语教学的大方向。在一定程度上说,学习一种新的语言等于掌握一种新的交际技能以及了解一种新的民族文化。学生通过对中西方文化的对比和分析,能够较客观、全面、深入地认识英语文化的要素,同时从多个维度审视和认识本民族的文化,进而在国际交往中能够驾轻就熟、游刃有余。在这种情况下,学生才能具备较强的国际理解力和竞争力,真正地在经济建设中起到好的沟通和媒介作用,积极有效地推进国际间的交流与合作。在进行英语跨文化教育时,教师还应注意平衡好中西文化之间的关系,既要介绍优秀的西方人类文化,也要介绍中国文化的精华。加深了对国外文化的学习,也就能加深对自己文化应有的认识。这样学习者将来不仅能适应国外的文化环境,更能把我们的优秀文化传统介绍到国外,为世界文化的繁荣做出贡献。

三、跨文化教育是实现跨文化交际的核心

英语教学旨在发展学生的英语交际能力。近年来,我国与世界各国之间越走越近,英语作为国际通用语言的作用也日渐突出,社会也变得迫切需要英语人才。在这种情况下,教师在英语教学中,不仅要向学生传授语音、词汇、语法等语言基础知识,培养学生的听、说、读、写、译能力,还要向学生传授英语的背景文化知识,包括历史、地理、风俗习惯等,特别是要引导学生了解中英文化的差异,最终培养学生的跨文化交际能力。

四、跨文化教育促进国际交流和合作

外语教学的根本目的是使学生能够与不同文化背景的人进行交流,从而加强中国与其他国家的对话与合作。在全球经济一体化的今天,文化领域的相互交融已经变得越来越重要和突出。因此,提高学生的外语交际能力,既是中国国民经济发展的迫切需求,也是中国教育改革的一项紧迫任务。所以,我们需要认识到,外语教学是跨文化教学的一环,应该把语言、文化、社会视为一个密不可分的整体,并在教学大纲、教材、课堂教学、语言测试、课外活动中加以全面体现。

第二节 大学英语多文化教育的内容

一、大学英语跨文化教育的内容

(一)国外对于跨文化教育内容的研究

国外学者最先进行跨文化教学的相关研究,并且他们的研究也比较深入和全

面。下面介绍一些比较有代表性的观点。

1. 弗赖斯的观点

自20世纪40年代,弗赖斯(Fries)及其学生拉多(Lado)等就开始分析文化对于语言教学的积极影响。弗赖斯从语言教学的立场出发,认为文化内容应该融入外语教学中。他也指出,在各个阶段的语言学习中,有关民族文化和生活方式的跨文化教学内容都是不可或缺的部分。它不仅是实用语言课的附属成分,也是语言教学的总目标。

2. 克拉姆的观点

克拉姆(Kramsch)主张,跨文化教学内容应该从学习者理解自己的文化行为、个性特点、矛盾、偏见等开始进行,文化学习要具有多面性和多元化,文化学习的一个主要价值就是使学习者形成对母语文化的深刻理解。摩尔(Moore)认同克拉姆的观点,将跨文化教学的内容看成"全语言"的一部分,学生就是焦点。

3. 查斯顿的观点

查斯顿(K. Chastain)主张,跨文化教学应当从狭义文化开始进行,然后逐步过渡到广义文化。他提出了学生必须了解的一些文化知识主题,也可以看作讲授狭义文化的纲要,它们是:仪表、广告、人口、礼貌用语、学生生活、家庭、父母、亲戚、职业、恋爱婚姻、成就、教育、饮食、穿着、朋友、文娱活动、快乐、金钱、青年、社会制度、政治活动、度假、经济制度、社会问题、宗教、法律、纪律、仪表、身势语、环境污染、报纸、爱国主义、死亡、交通。

4. 斯特恩的观点

斯特恩(Stern)明确指出,一般的语言学习包括以下六大跨文化教学内容。

(1)微观的个体及其生活方式。

(2)宏观的民族及社会。

(3)地理。

(4)历史。

(5)艺术、音乐、文学及其他成就。

(6)制度、习俗。

(二)国内对于跨文化教育内容的研究

对于英语跨文化教学的内容,国内专家的观点主要分为两派:一是单一型观点,二是综合型观点。

1. 单一型观点

胡文仲、浦小君、束定芳和刘爱真等人持单一型观点,他们认为跨文化教学旨在使学生学会地道的英语,提高学生的交际能力,使其能在英语国家的文化背景下恰当得体地进行英语语言交际。基于这一点,他们认为跨文化教学的内容就应该以英语文化为主,越是扎实掌握了英语国家的历史、文化、传统、风俗习惯、生活方式等,就越能恰当地使用这一语言。

2. 综合型观点

许国璋、张伊娜和刘长江等人持综合型观点,他们认为除了英语文化,母语文化也是英语跨文化教学的重要内容。他们的这一观点立足于以下两点。

(1) 我国的英语教学是一种国际语言教学,因为作为一名英语学习者,不仅需要和英语语族者进行交流,在更多的情况下需要和以英语为非母语的人进行交流,也就是要实现双语文化的交叉交际。因此,对英语文化缺乏了解,就有可能导致交际冲突的出现。

(2) 随着我国与外国的政治经济往来越加频繁,英语语言越来越注重其应用功能。简言之,无论哪一种观点,跨文化教学的具体内容都应该包括言语文化、非言语文化及交际文化三类。

二、大学英语跨文化教育的目标

关于跨文化教学的目标,国内外的教育专家观点各不相同。以下先探讨国外的研究,然后再分析国内的研究。

(一) 国外对于英语跨文化教育目标的研究

1. 诺斯特兰的观点

诺斯特兰(Nostrand)等人设计了一套方案,目的在于使学生不单单了解文化事实,更要学会分析、对比不同的文化。他们认为跨文化教学目标应该包括以下几点。

(1) 在社交场合能够做出得体的反应和行为。

(2) 能够对所观察到的社会文化行为进行完整的描述或归纳。

(3) 能够准确辨认作为例子出现的行为方式。

(4) 能对某一行为方式给出合理的解释。

(5) 在特定的情境中,能够对某一格式的运用方法进行科学而合理的预测。

(6) 保持对目的语文化广泛接受的态度,能对这些内容加以描述或展示。

2. 西利的观点

西利(Seelye)继承并发展了诺斯特兰的观点,将英语跨文化教学的目标进行了丰富和拓展。他认为英语跨文化教学的目标是使学生获得一种对英语文化的理解力、文化态度以及可以在英语环境中得体地处理文化冲突。

3. 托马林和斯特姆斯的观点

托马林和斯特姆斯(Tomalin&Stemleski)进而又在西利的研究基础上完善了文化教学的目标,他们提出的跨文化教学目标具体如下。

(1)让学生逐渐明白文化影响着人们的行为。

(2)让学生逐渐明白人们的言行受到年龄、性别、居住环境以及社会阶层等因素的影响。

(3)让学生对目的语文化的常规行为获得更加深入的了解。

(4)使学生对目的语当中词语背后的文化内涵获得更加深入的了解。

(5)使学生更加熟练地运用实例对目的语文化进行评价和完善。

(6)使学生查询及整理目的语文化信息的能力得以提高。

(7)使学生增强对目的语文化的渴望意识并鼓励他们与目的语文化的人们进行交流。

4. 莫兰的观点

和其他学者不同的是,莫兰(Edgar Morin)比较注重跨文化教学的语言基础和发展变化。他指出了跨文化教育与外语教学的区别,跨文化教育的目标应该包括外国文化的学习等,而外语教学中的跨文化教学目标应该只是引导学生理解外国文化。然而,在外语教学中,学生必须首先获得一定的语言水平,才能深刻地理解和体会外国文化。因此,外语教学中的跨文化教学应该建立在语言教学的基础之上。另外,结合教育的社会取向和个人取向,跨文化教学可以引起个人的文化学习以及社会变迁。

通过分析以上文化教学的观点,可以看出文化教学的目标是动态发展的。将这些发展中的教学目标加以总结,得出外语教学中跨文化教学的最终目的:增强学生对外语文化和母语文化之间差异的认识,丰富学生外语学习的经历,帮助学生突破母语特定文化交际的模式、范围,从而培养学生对外语文化规约的认同态度以及尊重的态度,帮助学生在交际中实现从适应过渡到跨越,进而实现超越的跨文化交际过程。

(二)国内对于英语跨文化教育目标的研究

1. 胡文仲、高一虹的观点

胡文仲、高一虹指出,对于我国的广大学生而言,外语教育的目标不仅是工具性的,也不仅是为了学会并掌握生存的交际技能,更不是为了将中国学生变成西方人,而是从总体上提高学生的社会文化能力。

胡文仲、高一虹把外语教学的目标分为三个层面:微观层面、中观层面和宏观层面。其中,微观层面的外语教学的目标是交际能力;而宏观层面的外语教育的目标是社会文化能力,即运用已掌握的知识、技能对社会文化信息进行有效的加工,使人格向更能充分发挥潜能的方向发展的能力。而社会文化能力具体又由语言能力、语用能力与扬弃贯通能力组成。

高一虹特别强调了跨文化教学与人格之间的关系。她认为,跨文化交际能力培养的目标是人格,其基本前提是人的成长,而纯粹的道德说教无法培养人格,应该借助于特定的训练活动。她表明,"是什么"和"成为什么"远比"了解什么"和"做什么"重要。一言以蔽之,她提倡将文化教学的重点放在跨文化交际能力与人格培养这一整体教育目标上。

2. 张伊娜的观点

张伊娜所持的文化教学的观点与高一虹相似。张伊娜提出要摒弃文化教学目的的工具观,她提出这样的观点是有自己的理由的,即人的世界观、价值观和人生观的形成受到文化的深刻影响,如果将文化教学的目的等同于学会交际工具,那么这种观点过于狭隘。

除了以上强调文化教学与培养学生人格、价值观的关系外,学者们还指出文化教学应该在理解和运用的基础上,培养学生在真实交际中的创新能力。

3. 陈申的观点

陈申提出跨文化教学的目的应该是培养学生的文化创造力。所谓文化创造力,是指外语学习者在跨文化交际中,运用外语文化知识并使之与本国文化相互作用的一种创新能力,也就是学生主动从外国文化的源泉中摄取新事物的能力。另外,他还指出,从长期来看,文化教学不但是语言教学的目标,还是促进学生发展文化创造力的途径和方法。

由此可见,我国教育学界对文化教学目标可以归纳为:英语文化教学的目的不仅是帮助学生学会运用这种语言交际工具,更重要的是促进他们形成适应社会的世界观、人生观和价值观,这是除听、说、读、写、译以外的另一种重要目标。

第三节 大学英语跨文化教育的实施

一、大学英语跨文化教育的实施原则

明确跨文化教学的原则是使文化教学工作更为有序、有计划、有层次地开展。跨文化教学的内容应有机地融入英语教学系统中去，使语言知识和技能的教授与文化的介绍同步进行，从而实现语言习得与文化习得的一致性。大学英语跨文化教学一般要遵循以下几点原则。

(一) 适度性原则

适度性原则涉及两个方面：教材的适度性和教学方法的适度性。教材的适度性是指教材的内容为主流文化；教学方法的适度性是指教师应采用能够激发学生自主学习的探究式或研究式学习方法。文化教学在内容设置方面不仅要参照教学任务和目标要求，还要考虑学生的接受能力，适度地选择合适的文化内容。此外，适度性原则还体现在课时的安排方面，过于深入或是宽泛的文化教学势必会占用过多的课堂时间，影响整体的语言教学质量。因此，教师只需点到为止或稍加发挥即可，在不影响课堂教学任务的前提下适当地穿插或是讲解文化知识才是可取的。

(二) 循序渐进原则

教师应该层层递进地进行英语文化教学，逐步增加深度和广度，并且所选择的文化内容应符合学生的实际能力。在文化教学的初始阶段，以日常生活的主流文化为主。在中间阶段，可以教授文化差异带来的词语的内涵差异及其运用差异。在最后阶段，可以渗透一些文化差异导致的思维方式、心理方式以及语言表达差异，使学生更深层次地了解英语文化。

(三) 相关和实用原则

英语中涉及的文化内容是丰富多彩的，但是不可能都作为文化教学的内容，毕竟时间、人力都有限。所以，我们必须选择那些与学生日常生活密切相关的文化内容，这样有助于激发学生的积极性。另外，还要选择那些在跨文化交际中需要的文化内容，因为英语终究要为交际服务。

(四) 以理解为目标原则

以理解为目标的原则意味着学习者能够以客观、开放的心态接受理解母语文化和英语文化的差异，并能得体地进行跨文化交际。没有文化理解，双语交流就无从谈起。这就要求教师在进行文化教学时应充分说明母语文化和英语文化差异产生的根源,并且在进行教学评价时不能简单地用母语文化中的价值观去评价英语文化。

(五)普遍性原则

英语文化教学必须遵循一个普遍性原则,因为世界上使用英语的国家很多,每个国家和民族在语言文化方面都有其共同点和特殊之处,而我们要教授的应该是英语国家所共有的文化知识和模式,而不是某一个民族或群体所特有的地域文化,更不是单独的或个别的文化现象。当然,我们也要涉及语言文化和非语言文化中有代表性的、典型的或有广泛影响力的民族文化。

(六)理论结合实践原则

该原则强调教师在进行文化教学时,不仅要向学生传授文化知识,还要为他们创设一定的情景使其运用所学的文化知识。我们只有在运用了知识以后,才能加深对它们的理解。单纯的文化知识讲解并不能有效地提高学生的语言运用能力,学习的最终目的是运用,也就是"学以致用"。如果文化教学一味地以"输入"为主要方式,那么结果是学生记忆了许多文化知识,但是在进行跨文化交际中仍然屡屡受挫。因此,理解结合实践是学习的一条黄金法则。

(七)对比原则

对比既是教学方法的根本,也是文化教学的原则。学生只有在母语文化和英语文化的对比当中才能深刻感受到二者的共性和差异性所在。例如,某词语在汉语和英语中的概念意义和内涵意义都基本相同,或者某词语在两种语言文化中的概念意义相同,然而内涵意义有区别,再或者某词语在两种语言文化中的概念意义相同,但是只在一种语言中有内涵意义。这三种情况是普遍存在的,并且是通过对比可以被发现和理解的。

(八)交际原则

文化教学的重点是跨文化交际教学,目的是培养学生在实际跨文化语境中的交际能力。因此,文化教学应充分考虑教学内容的"交际性"。就文化词汇而言,教学的重点应是词汇中蕴含目的语文化的部分语义;就语言交际而言,需要教授的是跨文化交际中容易引起文化误解甚至是文化冲突的文化知识。

二、大学英语跨文化教育的实施策略

英语跨文化教学经过众多学者的深入研究,也在不断地发展,尤其是跨文化教学策略,有了突破性的进展。经过整理和分析得知,最新的跨文化教学策略大致包括以下几种。

(一) 文化对比法

文化对比法是指在进行文化教学时,将母语文化和英语文化进行对比讲解,从而提高学生对母语文化和外语文化差异性的敏感度。中国和西方由于不同的历史沉淀,形成了不同的文化和社会习俗等。为了更好地了解西方文化,大学英语教师往往采用中西方文化对比的方法进行文化教学。这样使得学生对目的语文化就更加明白和清楚,从而避免引起交际中的误解和障碍。在大学英语课堂中,根据教材内容,教师向学生传授中西方文化差异,这样能够促进学生学习更多的西方文化知识,进而增强跨文化交际的能力。这里先举个简单而常见的例子,中国人在路上碰到时,常常会用"去哪儿啊?"这种提问来打招呼,而英美人却将这种问候当作干涉私生活的表现,所以他们常常会以"How are you?"等打招呼。

在《大学英语》(外语教学与研究出版社)第三册第四课 *Darken Your Graying Hair, and Hide Your Fright* 一文开始的一段中,主人公有这样一句自我介绍:"I have a wife, three daughters, a mortgaged home and a 1972 'Beetles' for which I paid cash. (第 1 段第 3~5 行)"。根据中国目前的经济水平和消费情况,能承担起一辆小汽车的家庭应该还算相对富裕,因为除了购车费用,还有停车费用。而对于英美国家的人来说,汽车就如同中国的自行车一样,是相当普遍的日常用品。文中的主人公有一部 Beetles 牌汽车,学生只知道 Beetles 为德国大众汽车公司出品的一款名为"甲壳虫"的汽车恐怕是不够的,还需要了解这一款车虽小,但很结实又节油,最重要的是它深受中、低收入家庭的青睐。有了足够的文化背景知识,学生才能明白文中主人公的实际生活情况:他人过中年,家庭成员较多,生活比较紧张。至此,教师还可以引导学生对中国和英美等国的消费观念、方式进行讨论,中国人倾向于将货款一次性付清的保守方式,而英美人倾向于提前消费的方式,如分期付款、抵押贷款等。这样学生就能透过文化现象了解英美国家人们的价值观念和思维方式。

(二) 直接导入法

直接导入法是指在语言教学的过程中直接导入文化背景知识的介绍。学生主要是通过课堂教学系统地学习英语,平时可能较少接触到英语使用环境,因此对课文中出现的相关文化背景知识不太了解。在这种情况下,教师应当发挥其主导作用,可在课前或是讲解课文之前给学生介绍文化背景知识,帮助学生更好地理解课文内容,同时丰富学生的文化知识储备。这就需要教师在课前做好准备工作,搜集一些与教学内容相关的典型的文化信息材料,并将其恰当地应用到课堂之中。在语言知识教学中导入文化知识既能增加教学的趣味性,激发学生的学习兴趣,活跃课堂气氛,还能增加学生学习的广度和深度。

(三)融合法

融合法就是在语言教学的过程中融入文化教学的知识目标、态度目标、能力目标等内容,让学生在学习语言知识和技能的同时不自觉地掌握文化知识。具体来说,就是在编写文化题材的课文和语言材料时,采取文化会话、文化合作、文化表演、文化交流等方式进行外语课堂教学。这种方法要求在教材和教学方法中系统、恰当地将文化知识融入课文与教学中去。语言知识存在一定的规律性。例如,我们要先学习名词的单数形式,才能学习名词复数的变化规则。因此,在教学实践中可以将融合法与附加法结合使用,融合法可以将文化态度的教学目标融入课文中去,附加法则可保证文化教学的完整性。

(四)直观感受法

直观感受法即通过各种媒体手段,如电影、电视等,为学生提供多种不同的文化背景知识。现在借助于电视、电影、网络等媒体,我们可以观看许多国外的影片和影视剧等。这些影视资料可以让我们直观形象地了解西方的社会生活、风俗习惯、语言特色以及体态语言等。《走遍美国》就是一部生动形象地介绍美国普通人生活的教学片。学生可以身临其境,感受大量有声与无声、有形与无形的社会文化知识。正如一句谚语所说"一幅图画胜过千言万语",电影就是这样一种让我们轻松愉悦地学习西方社会文化的手段。那些以社会变迁和发展为主题的纪录电影,其直观画面与所要教授的文化内容一一呼应,使得学生获得更直观的体验和感受,这比从书本上学的知识更难忘。

(五)微型戏剧教学法

微型戏剧教学法就是利用短小的戏剧对学生进行文化教学的方法,每个微型戏剧包括3~5幕,每一幕都有1~2个反映文化冲突的典型事例。学生通过参与戏剧,体验一些文化困惑,从而寻找导致文化障碍的根本原因。例如:

两个美国人正在穿越一些虚构的地方,如 Crony、Ord、Fondi、Dandi 或 Lindi,那两个美国人独自去探索这些地方。过了一段时间,他们想返回居住的旅馆,但他们走得太远了。糟糕的是,他们又把钱弄丢了。他们需要钱买票乘车返回他们住的旅馆,因此决定向当地人求助。扮演当地居民的学生,应该按照真正的当地居民的样子去做。在这些虚构的地方,有某些独特的生活习惯和行为方式。Fondis 表示同意某件事时,就会皱眉,眼睛向下看;而当他们不同意某事时,就会微笑点头。当 Dandis 和别人谈话时,只与别人保持 1 英尺(30.48 厘米)的距离。如果 Cronies 需要帮助时,他们不会听从男人的建议,因为在他们的社会里,所有重要的事情都是由女性决定的,男人只不过讲一些鸡毛蒜皮的事情。扮演美国人的两位学生应该想出一种向当地人借钱的合适的办法,如果他们不知道这些当地人的生活习惯和行为方式,当地人就不会借钱给他们。通过角色扮演,学生能够体验到使用英语的真实情景,将语言知识的学习与实际运用相结合,体现了语言学习的实用性。

(六)充分利用外籍教师资源

与英语人士频繁接触以及听英语人士授课对于英语的学习是非常有必要的。这就说明,有条件的学校可以适当地聘请一些外籍教师授课。学生在与外籍教师接触的过程中,不仅可以学会纯正的语音,还可以学到地道的语言表达方式,另外还能对课堂上学不到的社会文化背景知识有一些了解。在什么场合应该表达什么样的语言内容,应该做出什么样的反应,以及一些非语言的交际手段等都属于文化背景知识的范畴,并且有些中国教师没有接触教材中某些内容,就只能把词典的解释讲解给学生听;但是外籍教师作为两种不同文化的中介者、解释者,就能够从自己的经验出发,生动、形象地向学生展示中西方文化的区别,从而使得学生尽量不用本族的文化标准来衡量外族文化。另外,学校聘请的外籍教师还可以有针对性地介绍一些自己国家的文化生活、社会情况、风土人情等,以及其在中国遇到的一些文化冲突。通过与外教接触,学生们对文化差异会获得一种更加直观的感受,这有助于培养学生的跨文化意识。

(七)附加法

附加法是指在英语教学中系统地添加一些文化知识内容,作为英语教材的附加内容。附加法的形式多种多样,可以在教材中专门设立文化专栏,在课外组织参观文化展览,举办以英语文化为主题的讲座,或是组织文化表演等。附加的文化知识有助于学生系统地掌握英语国家的基础文化知识,它既可以是单独的文化知识读本,也可以附加在英语教材之中。教师也可以向学生推荐有关英美国家文化背景的书籍,并以书中内容为主题开展问答讨论、戏剧表演、知识竞赛等活动。

第四章 中外文化视角下大学英语词汇教学的探索

所谓转型,是指客观事物的内部结构机理、形态、运转模式和人的主观世界的根本性摒弃、采纳、改革、变新等的转变过程。不同转型主体的状态及其与客观环境的适应程度,决定了转型内容和方向的多样性。转型是主动求新求变的过程,是一个创新的过程。所谓大学英语课程转型,是指大学英语课程的战略发展与实施按照外部环境的变化,对本体课程的理念与定位、体制与机制、人才培养模式、师资队伍结构、学科专业结构、课程设置与教学改革、科研创新体系等大范围地进行动态调整和创新,将旧的发展模式转变为符合当前时代要求的新模式,推进课程教学向高水平发展,培养社会经济发展所需要的人才。在高校转型发展的背景之下,外语能力平平的单一专业毕业生已不能适应国家经济的快速发展及就业市场的严峻竞争。大学英语教学作为中国高等教育的重要组成部分,也必须不断自省、不断改革、不断优化,努力承担起培养复合型、应用型人才的任务。格雷多尔(Graddol)在预言未来的英语教学时说:"不会再只有一种教学模式,一种教学方法,一种英语教材,一种测试方法,甚至一种英语供学习。"众所周知,词汇是语句的基本单位,任何一种语言的词汇都反映出使用这一特定语言的民族所特有的文化背景。学习英语不仅是掌握英语的过程,也是接触、认识另一种文化的过程。文化因素始终隐含于外语学习的过程中,即使是优秀的外语学习者,其外语交际能力也会因为文化因素而受到限制。因此,教师在英语词汇教学中要关注中英语言词汇的文化差异,在教学中要强调词汇的文化内涵。鉴于此,本章我们就来探讨中外文化视角下大学英语词汇教学转型的相关内容。

第一节 大学英语词汇教学概述

一、英语词汇的记忆规律

词汇是单独构成短语或句子的最小单位,在词汇教学过程中,"遗忘率高"一直是困扰很多外语学习者的重要问题。因此,要想切实有效地提高学生的记忆效果,教师必须了解并学会运用心理学中有关记忆规律的相关知识。

(一)大脑记忆特点

人的大脑在记忆时具有一定的特点,具体来说,主要表现在以下几个方面。

(1)刺激大脑的右半球是有效的记忆方法。

(2)有意识记忆比无意识记忆要有效。

(3)理解记忆比机械记忆更有效。

(4)再认回忆是以联想为基础的。

从上述大脑的记忆系统的特点可以看出,人的记忆是有规律可循的,所以学习者在进行英语单词的记忆时要遵循上述特点,才能达到很好的记忆效果。

(二)大脑遗忘规律

遗忘是人在记忆过程中的一种普遍现象。德国著名的心理学家艾宾浩斯(Hermann Ebbinghaus)发现了人类记忆遗忘的规律,他认为,遗忘会在学习之后立即就开始,并且遗忘的进程并不是均衡的,最初遗忘的速度会很快,之后会逐渐减缓。他提出"保持和遗忘是时间的函数",并在实验结果的基础上绘制成描述遗忘进程的曲线,即著名的艾宾浩斯遗忘曲线,如图4-1所示。

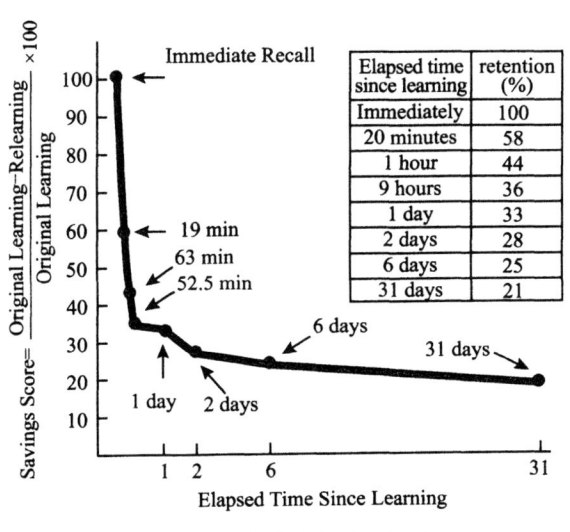

Elapsed time since learning	retention (%)
Immediately	100
20 minutes	58
1 hour	44
9 hours	36
1 day	33
2 days	28
6 days	25
31 days	21

图4-1 艾宾浩斯遗忘曲线

(资料来源:何少庆,2010)

从图中我们可以看出,学得的知识如果不进行巩固,会在一天后只剩下原来的25%。随着时间的推移,遗忘的速度和数量也会逐渐减小。了解并掌握大脑记忆的遗忘规律,就可以将短时记忆转化为长时间的牢固性的记忆。

二、词汇及词汇教学的意义

词汇的意义是十分丰富的,既有其概念意义,还具有内涵意义、情感意义、社会意义。了解词汇的意义有助于教师及学生全方位把握词汇。词汇教学的意义重大,学生通过词汇教学掌握了必须了解的词汇知识,为学习其他英语方面的技能奠定基础。下面就来详细分析词汇及词汇教学的意义。

(一)词汇的意义

研究词汇教学的意义之前,首先了解一下词汇的意义。了解词汇的意义,是词汇教学的首要任务。由于母语与目的语之间存在一定的区别,从语义角度来看,在两种语言中词汇会有不同的内涵以及外延意义。

具体而言,词汇的意义包括概念意义、内涵意义、情感意义、社会意义。下面我们对其进行具体分析。

1. 概念意义

概念意义是指一个词语的字面意义中所包含的最基本的、最本质的意义。因此,词典中常常使用词汇的概念意义对词条进行一定的注释。

2. 内涵意义

内涵意义是指由概念意义引申出的深层意义,是概念意义之外的意义。例如,old 一词的概念意义是指"老年人的,年长的",而它的内涵意义常常是指"技术娴熟的、熟练的人"。再如,green 一词,其概念意义是指"绿色"。由于绿色又是未成熟的颜色,因此 green 一词的内涵意义常常是指"幼稚无知""缺乏经验与训练""容易上当受骗"。

3. 情感意义

在交际中,交际双方不仅使用词汇来传递信息,还能从表达的词汇中突出表现其情感意义。情感意义是指说话者对所讨论的主题或者对事物所持有的态度以及说话者在词汇中所表达的喜、怒、哀、乐情感。情感意义不是独立的意义,需要通过词汇的概念意义、风格意义或内涵意义等体现出来。例如,bookworm 一词的概念意义是"书虫",以概念意义为依托,由此引申出情感意义"书呆子",可以从该词的情感意义发现其中所带有的贬义色彩。

4. 社会意义

社会意义是指词汇在不同的社会场合中所表达出的意义。词汇一般用于正式与非正式场合,在不同的社会场合,词汇会表现出不同的社会意义。例如,female parent 用于较为正式的场合,在档案材料或者法律文件等较为正式的文本中常常将 female parent 用作专门术语。mommy 一词则是家庭内部经常使用的非正式的口语化用语,mother 一词一般用于较为中性的文体中。

另外,词汇的意义与语境有着密切的关系,尤其是在文章中,词汇的意义会受到上下文内容的制约。在词汇教学中,教师应该尽量使用各种手段让学生了解词汇意义与语境之间的关系。例如:

Dad will pick me up from school this morning.
今天早上爸爸会到学校接我。
She picked up French when she was living in France.
她住在法国的时候学习法语。
After a slow summer season, business began to pick up.
经过了一个漫长的夏季,经济开始复苏。
She is picking up wonderfully since she came out of the hospital.
她从医院出来后看起来精神奕奕。
It's hard for a short-sighted person to pick up a needle from the ground.
对于一个近视的人来说从地上捡起一根针是很困难的。

(二) 词汇教学的意义

词汇教学是英语教学的基础,关系到英语教学效果的有效完成,因此在教学中注重词汇教学是非常必要的。另外,词汇教学也对英语其他能力的培养起着非常重要的作用。下面我们对其展开具体论述。

1. 词汇教学的必要性

在日常的英语教学实践中,由于受传统应试教育的影响,一些教师为了让学生得高分,过分注重语法、句型、阅读等教学和各种应试技巧的训练,而用在词汇教学的时间少之又少,这就大大忽视了词汇教学的地位,进而影响了学生学习词汇的兴趣与效果。对词汇教学的应试教育的结果导致有些学生在词汇学习方面存在很多问题,如拼写错误、遗忘速度快、不能准确地说出词汇,词汇学习也会对英语其他技能的学习产生一定的影响。阅读中,如果学生遇到很多生词,面对长篇的阅读材料,他们就会无计可施;听力中,如果学生在词汇方面知识非常薄弱,这会给他们的听力造成一定的理解障碍。写作时,如果学生不具备一定的词汇量,是无法将作文中的主题阐述清楚的,长期下去则会让学生丧失英语学习的兴趣,甚至还会对此产生恐惧心理。因此,加强词汇教学是非常必要的。

2. 词汇教学的作用

词汇教学是语言教学的重要基础,它在语言教学中有着非常重要的作用。然而,词汇教学在过去的英语教学中并没有引起足够的重视。过去受直接教学法和视听教学法的影响,在英语教学中过分地强调语法结构的教学,关于词汇的教学被控制在了很小的范围内。直到 20 世纪 70 年代,交际教学法才被正式运用到英语教学中,人们从此开始重新考虑词汇的作用。特别从 20 世纪 90 年代以来,词汇教学开始受到越来越多人的关注。路易斯(Lewis,1993)认为语言教学的核心是词汇教学,由此提出了著名的英语教学的词汇法。他认为,词汇和句法是不可分割的,在二者之间存在着一种半固定结构,这种结构同时兼有词汇和句法特征,也就是所谓的词汇块(lexical chunks)。路易斯(1997)将词汇块分为:词和短语,惯用语,搭配词,句子框架和引语四种类型。路易斯的词汇块观点对当时的语言教学产生了非常显著的影响作用。学生掌握这些预制的语言板块,有利于提高他们的语言交际能力,具体表现在以下两个方面。

(1)掌握这些预制的语块,可以提高学生口语表达的流利性。中国的学生长期受传统应试教育的影响,导致学生在用英语进行口语表达方面的能力非常薄弱,虽然学习了很多年的英语,但只是对个别词汇的记忆,并不能将其运用到英语交际中,常常是"哑巴式英语"。掌握这些预制的语块,有利于学生按照语块的搭配或者惯用语将单一的词汇转换成通顺的句子,长期训练下去,学生的英语口语表达能力也会得到一定的提高。

(2)掌握这些预制语块,可以有效提高学生的阅读理解和听力能力。由于学生进行词汇学习时,往往单纯地记忆单个词汇的含义,缺乏一定的联想能力。这就导致在阅读理解时或许每个单词都认识,但是却不能理解长句或语篇的主要内容。这也同样适用于听力理解,听力训练中学生只是听到了单个的词汇,却没有从语块的角度听懂整个听力的主要内容。

而掌握这些预制语块,对学生的阅读理解能力和听力能力都起着非常重要的作用。这是因为,掌握这些语块,学生在阅读理解和听力训练的过程中就不会再以单个的词汇为基础,而是以多个词所构成的语块为单位来进行理解,这样有利于学生理解阅读和听力的主要内容,从而激发学生学习英语的兴趣,最终有利于学生英语综合能力的提高。

综上所述,词汇教学对于学生综合的英语学习有着非常重要的作用,直接关系到听、说、读、写、译五项技能的培养和提高。但是,词汇学习并不是简单的死记硬背,这就要求教师在词汇教学中,要采取正确的方法引导学生的学习,减轻学生的学习负担,相应地提高学生的词汇学习质量,注重培养学生的思维能力,让学生积极、主动地进行词汇学习,加强对学生词汇学习方法的指导与策略训练,努力培养学生可持续发展的词汇学习能力,最终实现有效的词汇教学。

三、大学英语词汇教学的现状

就当前我国大学英语词汇教学的现状而言,其中存在着各种问题,下面就来进行具体分析。

(一)词汇呈现方法单一

当前我国大学英语词汇教学中存在的最大问题就是词汇呈现方法单一。虽然词汇呈现是词汇教学最关键的一步,但一直都没有引起教师足够的重视。大部分教师都采用"教师领读—学生跟读—教师讲解词汇用法—学生读写记忆"这种以教师为主导的教学方法。这样的方法不仅单调,而且学生的学习十分被动,很难提升学生对词汇的学习兴趣,甚至还有可能导致学生出现厌学情绪。针对上述情况,教师要积极改进词汇教学的方法,充分调动学生学习词汇的积极性。具体而言,教师可采取如下方法。

(1)教师在词汇呈现的各个环节中(如口头发音、板书拼写、词义解释、说明用法、翻译举例、固定搭配等)可根据具体情况采取最佳的呈现和讲解策略。

(2)教师要充分利用举例的教学策略。相关研究表明,举例是科学呈现词汇活动中一个不可或缺的环节,是词汇呈现的最佳方式。

(3)在情景化的环境中,学生可以自己体会单词在发音、拼写、词义、用法以及语法等各方面的信息,因此教师在词汇教学过程中要创设一些真实或模拟情景,使学生在这种状态下掌握单词,从而解决单词教授难的问题。

(二)与学生生活缺乏联系

在词汇呈现的过程中,很多教师都是直接让学生翻到书后面的词汇表进行学习,这样的方式与学生的实际生活没有丝毫联系,自然无法引起学生的学习兴趣和学习热情。为了提高词汇教学的有效性,教师在呈现词汇时要与学生的实际生活联系起来,如教师可适度扩展一些学生感兴趣的词汇,让学生体会到所学词汇的实用性,如此便可激起学生的学习动机,从而产生持久的记忆力。

(三)忽视学生的主体地位

在我国当前的大学英语词汇教学中,"教师只顾教,忽视学生学"的现象普遍存在,教师从来不重视对学生智力方面的开发,忽视学生观察、记忆、创造、想象方面的能力。很多时候,本应该由学生自己归纳和总结的词汇学习规律都被教师取代。对此,教师应该明白学生才是学习和课堂的主体,教师只是作为一名"引导员"的角色出现。学生只有自己掌握了词汇学习的方法,才能在词汇学习的过程中事半功倍。因此,教师需要正确定位自己的角色,"授人以鱼,也授人以渔"。

(四)忽视词汇课堂教学细节

俗话说"细节决定成败",词汇教学同样也不例外。具体而言,词汇课堂教学的细节如下所述。

(1)单词的文字呈现与口头呈现。

(2)单词的拼写、发音、举例、解释。

(3)单词的词义,课文与词汇表的处理。

(4)单词的英语解释和汉语翻译。

(5)经典教材与生活语料。

(6)多媒体演示与口头举例。

(7)全班活动、小组活动、双人活动。

(8)学生多听、多说,教师多讲和学生多练。

上述细节孰主孰次、孰先孰后、孰重孰轻,都需要教师进行深入的研究并得出深刻的认识。然而,当前我国很多教师在教授词汇时只是依靠自己的直觉和经验进行授课,从不注重词汇教学过程中的细节问题,而正是这些教学细节决定了词汇课堂的教学效果。在实际的、多种多样的教学活动中,教师需要在特定的教学环境中把握好学生的具体情况,选择最佳的处理方式。

(五)词汇教学缺乏系统性

世界上的万事万物都是按照某种系统结合在一起而存在的,词汇教学自然也不例外。当前国内的词汇教学严重缺乏系统性,"从小学到中学再到大学,所有的英语课本所包含的课文,其内容的主题都没有一个系统可循,几乎每一册课本都可能包含十个甚至更多的主题,如生活常识、人物事件、生态环境、旅游观光、社会道德、天文地理、历史经济等。"学生学习的这些语篇材料没有一个共同主题,那么其中所学的词汇必然没有共同的纽带和轴心,从而无法形成一个共同的可以展开或聚合的知识体系。如果语篇材料的主题与主题之间没有紧密的联系,那么学生在对这些词汇进行记忆、复述、应用时必然会陷入一种无章可循的混乱状态,可以说,这就是导致学生学习词汇时反复、进步慢、效率低的罪魁祸首。

综上可知,缺乏系统性是词汇学习效果低下的重要原因之一,只有除去这一顽疾,将英语词汇的学习纳入系统学习的轨道中去,学生才能更加有效地理解和应用词汇。

第二节 中外文化差异与大学英语词汇教学

在实际运用语言的过程中,词汇的运用通常要与具体的文化背景相联系。并且,文化差异因素同词汇学习间的关系也是教学的重要部分。学生在理解目的语的过程中,往往会受到文化差异的影响和制约。可见,大学英语词汇教学在很大程度上受到文化差异的影响。下面就主要结合文化差异对大学英语词汇教学产生影响的几个方面进行具体分析。

一、文化差异对词汇含义的影响

文化差异对词汇含义的影响涉及词汇的诸多方面,在此主要结合文化差异对具有典型文化特征的动物词、颜色词、习语的影响进行具体分析。

(一)文化差异对动物词汇含义的影响

动物同人类关系密切,与动物词相关的文化也是一种非常特殊的语言现象。但是,在英汉两种语言中对动物文化词的使用存在着诸多不同。一方面,基于人类文化进化的特殊性,英汉两种语言中与动物词相关的文化存在着诸多差异;另一方面,人类又存在着诸多相同的生活经历和感受,人类自身和其生存所依赖的外部条件、社会文化背景在某种程度上又存在着诸多共性,这些共性的存在义使其对客观世界的认识存在着一些共同的认识,具体到动物词文化的认知方面,就使英汉两种语言中与动物词相关的文化存在着诸多共同点。

1. 基于人类进化的特殊性导致对动物词文化认知的差异

(1)同一种形式,不同的意义。具体来看下面例子。

①龙和dragon。在《礼记·礼运》中,有这样的记载:"麟凤龟龙,谓之四灵。"其中龙为四灵之最。龙是汉民族的文化图腾,人们将龙奉为圣物,以龙为自己的祖先。但是,事实上,龙其实是一种在现实中不存在的动物,龙是我国古代传说中的神异动物,身体很长,身上有鳞,且有角,能行云布雨。在封建时期,龙是帝王的象征,与皇帝等有关的事物有很多都与龙有关。例如,龙颜大怒、龙子龙孙、龙袍、龙椅等。在现代社会,很多海外人士仍以"龙的传人"而感到骄傲和自豪,龙已成为汉民族的象征。龙在汉语中象征着"地位、权势、才华、吉祥"等。例如,很多家长都"望子成龙"。望子成龙是家长对自己孩子的一种期望,希望孩子以后能够有出

息,有才华。

在西方国家的文化中,人们也有关于 dragon 的认知,但是,对 dragon 的联想与汉语中截然不同。西方文化下的人们认为 dragon 极富破坏性,并认为龙是一种口吐火焰、祸害人民的怪物。西方 dragon 的形象与蜥蜴的形状很像,dragon 是在蜥蜴外形的基础上想象发展而来的,只是在蜥蜴的身上加了一对翅膀。因此,在西方文化中,dragon 一词带有贬义色彩。dragon 一词在英语中的使用远远没有汉语中那么频繁,这也在一定程度上反映了其在英语中的地位。在圣经中 dragon 一般都是以恶魔的形象出现的。在英语中表示一个人外表凶狠可以说"He is very mean, just like a dragon"。圣经中的恶魔撒旦就被称为 the great dragon。

②牛和 horse。自古以来,汉民族就是农耕民族,在古代牛是主要的农业动力。因此,牛在汉语文化中具有很高的地位,并且在中国人心目中牛是强壮、勤劳、倔强的化身,人们也经常用牛来形容人的品质。我国很多名家作品中都使用牛的形象来比喻人。例如,鲁迅在其作品中就有"俯首甘为孺子牛"的句子,可见牛在中国人心目中的地位之高。

在英语文化中,也有关于"牛"的说法,但是其大多是贬义,如 a bull in a china shop,这一表述指的是"瓷器店里的公牛",用来比喻鲁莽闯祸的人。西方国家主要以畜牧业为主,交通运输方面的需求比较高,horse 以其力量和速度颇受西方人喜爱,汉语文化中"牛"的地位在汉语中都被 horse 所占据。因此,horse 在英语中的地位相当于汉语中的牛,英语中也有很多关于 horse 的表达,如 talk horse(吹牛),eat like a horse(食量大如牛)等。

③凤和 phoenix。英汉两种文化中人们对凤和 phoenix 的认知也存在着诸多不同。

在汉民族古代的神话中,凤为一种富有吉祥寓意的神鸟,也属于四灵之一。人们还普遍认为,凤为百鸟之王,自古就有"百鸟朝凤"的说法。这一动物文化意象象征着吉祥、美德,人们认为它能够给人类带来安宁和幸福。古代中国,就以龙喻指皇帝,以凤喻指皇后,此外还有一些"龙飞凤舞""龙凤呈祥"等表达。

英语文化中的 phoenix 是一种神鸟,并有关于这种动物的一种传说。相传 phoenix 在阿拉伯沙漠中存活了五六百年,在临死前为自己建筑了一个里面铺满香料的巢,她在凄婉地哀歌了一曲之后,用翅膀扇火,把自己燃烧成了灰烬。之后,一只新的 phoenix 便浴火重生了。因而英语文化下的 phoenix 有重生、复活的含义。

④猪和 pig。在汉文化中,猪是懒惰、馋、笨的象征,在我国四大名著之一《西游记》中,猪八戒的形象就是典型的汉民族对猪形象的真实反映。汉语中很多与猪有

关的词语也都表示贬义。例如,懒得像头猪、猪猡、猪鼻子插葱——装象(相)等。在中国文化中,猪也不总是作为一种负面形象而出现的,其憨态可掬的样子也使猪备受欢迎,国产电视剧《春光灿烂猪八戒》中就塑造了一个可爱的猪的形象。

pig 在西方国家也表示猪,但是英语中的 pig 常被用作脏话,如"you greedy pig""you pig"等。在英语中 pig 有时可以表不中性含义。例如:

make a pig ear out of sth. 弄得一团糟

buy a pig in a pork 未见实物就买了

make a pig of oneself 吃得太多

pig in the middle 两头为难,左右不是

(2)同一意义,不同的形式。不同的生活方式、文化习惯等有时还会赋予词语以不同的喻体。例如,在汉语文化下经常会说"热锅上的蚂蚁",英语文化下则用 like a cat on hot bricks 进行表示。类似的例子还有很多,例如:

英语用 a lion in the path 来表示汉语中的"拦路虎"

英语用 kill the goose that lays golden eggs 来表示汉语中的"杀鸡取卵"

英国是四面环海的岛国,捕鱼业十分发达。在其语言中也可以见到与这些客观环境相一致的表述。英语中存在着很多与 fish 相关的表述。例如,英语中经常使用的 neither fish nor fowl,其实与汉语中的"非驴非马"所传达的意思大体是一致的。

2. 基于人类的一般进化导致对动物词文化认知的共性

人类文化的一般进化使其本身所生存的条件和社会文化背景等存在着诸多共性,进而使不同文化下的人们有着共同的生活经历和感受,在对动物文化的认知方面也存在着很多共识。例如:

英语中的 parrot what others say 同汉语中的"鹦鹉学舌"

英语中的 as busy as a bee 同汉语中的"蜜蜂般忙碌"

英语中的 as greedy as a wolf 同汉语中的"狼一样贪得无厌"

(二)文化差异对颜色词汇含义的影响

颜色词具体指的是语言中用来描述事物某种颜色的词。汉语中的颜色词主要包括赤(red)、橙(orange)、黄(yellow)、绿(green)、青(black)、蓝(blue)、紫(purple)。英语中的颜色词主要包括 green(绿色)、yellow(黄色)、red(红色)、white(白色)、black(黑色)、blue(蓝色)、purple(紫色)、grey(灰色)和 brown(棕色)。在英汉两种语言中,虽然颜色词仅仅占所有词汇的一个极小部分,但是由于中西环境、历史、文化背景等方面的诸多差异,同一种颜色在不同民族中出现了不同的联想。下

面就针对几个主要颜色之间的文化差异进行详细分析。

1. 黑和 black

在汉语文化中,"黑"通常含有坏的、邪恶的贬义色彩。例如,黑幕、黑道、黑手等。在西方文化中,black 是基本禁忌色。它是死亡、凶兆、灾难的象征,如 black mass(安灵弥撒),blacklist(黑名单);也是耻辱、不光彩的象征,如 a black eye(丢脸、坏名声),black sheep(害群之马);也象征邪恶、犯罪,如 Black Man(邪恶的恶魔),black guard(恶棍);还象征沮丧、愤怒,如 black dog(沮丧情绪),to look black at someone(怒目而视)。

2. 红与 red

在汉语文化中,红色是基本崇尚色,它象征着喜庆、吉祥、幸福。例如,红光满面的老人,红红火火的日子,一袭红衣的新娘。在西方文化中,红色是一个贬义相当强的词,它不仅象征着残暴、流血,还常常用来指负债或亏损。例如,a red battle(血战),the red rules of tooth and claw(残杀和暴力统治)等。

3. 绿和 green

在汉语文化中,绿色的引申意义相对比较少,往往同"春天、大自然、生机勃勃"联系在一起,具有积极的意思,象征着生命、青春、环保、和平、友善、恬静清新、宁静和谐、希望。在英语文化中,green 的引申义相对多一些,可以用来表示"新鲜的、年轻的、嫉妒的、没有经验的"等。例如,green hand(新手),green eye(红眼病),green meat(青菜)。另外,由于美元的背面是绿色的,因而人们称美钞为 greenback,并由此延伸 green power(金钱的力量,财团)。

(三)文化差异对习语含义的影响

习语是对一种语言的思维方式和文化背景的集中反映,它是一种习惯性语言,其形成和发展与文化的发展变化存在着非常密切的关系。文化差异对英语习语也有着非常明显的影响。西方人喜欢用辩证的方式看待事物,习惯用一分为二的视角对事物进行研究,并非常注重逻辑思维能力。因此,英语习语比较重视习语及表达的逻辑结构。例如:

born and bred 土生土长的

More haste, less speed.

欲速则不达。

西方文化中的等级制度没有汉语中的严格,他们崇尚人人平等、人人自由的价值观念。但是,西方国家个人主义观念强烈,人们追求个人利益,主张个人享乐。

这些文化观念在习语中也都有明显的体现。例如：

A cat may look at a King.

小人物在大官面前也有权利。

Fortune favors the bold.

天佑勇者。

二、文化差异对词汇理据的影响

随着经济和文化的全球化,英语的词汇构成还受到了诸多国家文化的影响。很多国家的语言都不同程度地影响了英语词汇。在英语词汇中外来词占了很大的比重,正是因为受到不同国家语言的影响,英语才变得日益国际化,并呈现出包容性日益增强的特点。英语中很多词汇的含义同文化密切相关,甚至只有将词汇置于相应的历史文化中并结合具体的语境才能真正理解一些词汇的根本含义。可见,英语中很多词汇都有着深厚的文化渊源。文化差异义往往会对词汇理据产生着影响,在英语词汇教学中,应考虑文化差异对词汇理据的影响这一因素。为了对这现象有更加清楚的认识,下面就结合与人名、地名和典故相关的词汇进行举例分析。

（一）与人名、地名相关的词汇

1. 与人名相关的词汇

英语中存在有大量从人名引申而来的词汇,这些词语一般都是一些专有名词或是某个学科的专业术语。有的是因为这些人对于某个领域做出了巨大贡献或比较具有代表性和权威性。例如：

Newton（牛顿）——英国物理学家、经典物理学理论体系的建立者 Newton

Kelvin（开尔文）——联合王国物理学家 LordKelvin

2. 与地名相关的词汇

英语中还存在很多词汇用来指物品和事物,这些词汇主要反映的就是这些物品及事物的出处。例如：

champagne（香槟酒）——法国东北部香巴尼地区 Champagne

china（瓷器）——出自中国 China

（二）典故

英语词汇中有很多词汇的含义是其在典故中含义的引申,就像汉语中的成语,每个词语的含义都有其历史出处。例如：

narcissism（自恋），这个单词的含义出自希腊神话。在希腊神话中有一个长相俊美的男子叫 Narcissus，因为在水中看到自己的倒影，并且深深地喜欢上了这个影子，以致跳入水中去追求自己的影子，最终不幸溺水而亡。

第三节　中外文化视角下大学英语词汇教学的方法

一、借助于语境教词汇

英语中的句子、篇章都是由单词、词组构成的。换句话说，英语单词、词组都离不开句子，离开了句子的语境，词汇的意义便很难确定。从传统上看，有一部分英语教师在进行词汇教学的过程中，通常脱离上下文的语境孤立地讲解词汇。这种教学方式对学生理解和把握词汇含义、语法产生了严重的影响，甚至会导致学生失去词汇学习的兴趣。

事实上，词汇教学的根本任务之一就是培养学生根据语境推测词义或准确地理解并掌握同根词、多义词在文章中的意思。那么，在进行词汇教学时，教师就应将词汇置于具体的语境中，引导学生通过阅读这一途径来学习词汇。比较常见的在语境中教词汇的方法有以下两种。

（一）阅读教学法

阅读教学法具体指的是教师引导学生通过阅读的方式来学习词汇。通常情况下，阅读材料囊括了古今中外社会生活的各个方面和社会生活的各个领域。因而，阅读材料不仅包括基本词汇，而且还包括文化负载词和行业术语。例如，美国"9·11"事件发生后，有关美国对阿富汗袭击的新闻备受关注，此时就有必要让学生了解各个新闻媒体中频繁出现的术语词汇，如 terrorist（恐怖分子）、Medicare（医疗保险）等，让学生在熟悉并了解这些词汇的基础上对这一政治事件有更清楚的认识。这样一来，不仅有利于扩大学生的词汇量，而且对培养学生自身的思维综合能力也大有帮助。此外，还有利于培养学生的爱国主义精神，并有利于其健康人生观的形成和人生的长远发展。

（二）英语解释法

英语中单词的意义同汉语解释的对应关系是相对的，对大学生而言，进行词义解释的最好方法就是尽量使用简单、常用的英语来解释英语。例如，在讲解 homesick 一词时，可进行如下解释："When I leave my home, I always feel a great wish to be at home."借助对这一句子的理解,学生可以理解该词的大致含义是"思乡的、想家的"。运用这种教学方法,不仅有利于学生准确理解英语单词的正确含义,培养学生的思维和观察能力,而且还有利于增加学生语言学习的信息量,从而提升学生的跨文化交际能力。

二、借助于传授文化知识教授词汇

在以往的词汇教学过程中,有很大一部分英语老师仅仅重视单词词义和用法的讲授,但是通常会忽略与单词有关的文化知识。这里所说的文化知识具体包括英语修辞知识、语言文化背景知识以及词源典故等。对我国的学生而言,以上所提到的文化知识的词汇通常会造成理解、记忆等方面的困难。那么,在词汇教学过程中,应根据这类学生学习和研究问题的特点,恰当地向学生传授与所教词汇相关的文化知识,借此来培养学生的文化意识。

三、借助于联想教授词汇

借助于联想教授词汇就是在教学过程中帮助学生建立有效的联想来学习词汇。例如,可以用学生比较熟悉的事物或例子来引导学生进行联想学习,也可以联想与英语国家的习俗和文化习惯相关的内容来帮助学生学习词汇。例如,natural disaster 这一短语会让人们联想到一系列的自然灾害,如 earthquake、typhoon、tsunami、mudflow、drought、flood 等。

联想教学法是词汇教学的重要方法。文化包括很多方面,要想能够熟练输出,就必须对英语的文化进行深刻的了解。了解英语国家的思维习惯和语言习惯。学生在英语学习时应重点培养自己的跨语言文化意识,这也与词汇教学的目标,即在教授词汇的同时向学生渗透文化对英语学习的影响相吻合,帮助学生形成跨文化意识学习的习惯。

四、集中速成记忆和分散巩固使用

中外文化视角下的词汇教学还可以采用集中速成记忆和分散巩固使用这一方法。具体而言,集中学习词汇强度相对比较大,有利于增强词汇的系统性。同时,还能迅速提高非智力因素。在集中教学之后,就应采取分散的方法进行巩固,分散具体指的是将集中成组的词分散地应用于词组、句子、文章之中,进行听、说、读、写的实践训练,将词汇知识转化为运用词汇的技能,保持词汇记忆的长久性。

第五章　中外文化视角下大学英语语法教学的转型

语法是习得并运用语言的催化剂和语言输入、输出的重要项目和支撑，它以研究词汇在构成句子时应遵循的法则为主要内容。有效习得语法有利于更好地实现英语语言的交流和沟通。同时，英语语言又是文化交际的重要部分，文化对语法的教与学也会产生巨大的影响作用。本章首先对语法教学进行概述，接着对文化差异与大学英语语法教学的关系进行探究，最后分析中外文化视角下大学英语语法教学的方法。

第一节　大学英语语法教学概述

一、英语语法的发展历史

大体而言，英语语法的发展历史可分为以下三个阶段。

(一) 第一阶段

第一阶段从 16 世纪后期到 17 世纪中期，这个阶段的语法完全依赖于拉丁语。这个阶段有很多语法书出现，但是这些语法书大都是用拉丁语写的，显然这些书不是为教学服务的，而只是作者生搬硬套拉丁语的语法来用到英语上。许多世纪以来，"语法"一直是拉丁语法的同义语，在最初的英语语法书中，词形和句子结构的正误都是依据拉丁语的词形和结构来类推的。

(二) 第二阶段

这个阶段英语语法领域有了新的突破，从 17 世纪后期至 19 世纪中后期，规定性英语语法出现。为了实现英语的规范化和标准化，1755 年约翰逊(Johansson)率先编著了第一部英语词典。这部词典按照统一标准，规定了英语词汇的发音、拼写、释义和用法，也标志着现代英语标准语的正式开始。这一阶段英语语法着重研究词法，但是对句法的重视和研究存在着明显的不足。

从 19 世纪中叶开始，最有影响力的语言学学派是结构语言学。结构主义语法把句子看作是不同平面的结构,分别可以从语音、形态、句法三个平面对句子进行分析。他们把话语分成尽可能小的单位,然后研究这些单位如何组合成更高一级的语境。他们认为词不是语法的基本单位,在语音平面上音素是最小单位,如 cat 就含有三个音素:/k/、/æ/和/t/。在音义结合的符号形态平面上,词素是最小单位,如 cats 是由词素 cat-和-s 构成。这些最小单位根据语法的组合规则可以构成无限的话语。

在结构分析方面,多数结构主义语法采用直接成分分析法,他们先将句子划分成主谓两个部分,这就是直接成分;然后将直接成分进一步划分,直到在同一语言层次上不能再作更小的划分时为止,如图 5-1 所示。

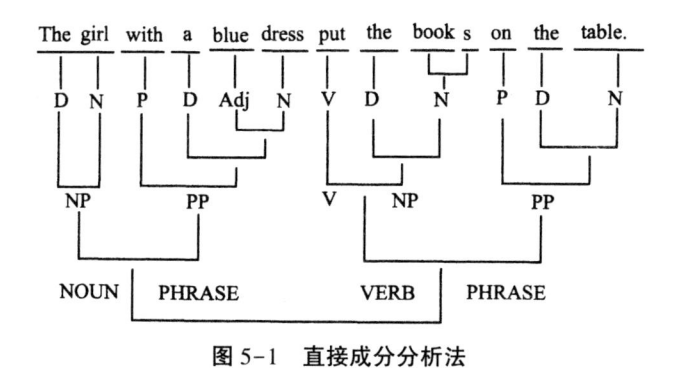

图 5-1 直接成分分析法

在语言教学中,结构主义语法家使用替换方法来帮助学生掌握某种语言结构,如下所示。

这种替换练习说明了语言中的每个形类词都和一组可以替换的词或词组,甚至更大单位——从句——存在一种纵聚合关系。而"They work slowly."这个句子本身有另一种横向组合关系,即我们通常所说的词与词之间的搭配关系。

(三)第三阶段

19 世纪末,规定性语法受到描写派语法的挑战,描写派主张将英语语法现象总结起来,构成英语特有的语法体系。描写性语法强调观察之后的总结和发现,在对客观存在的语法现象进行观察之后,用总结的方法来形成自己独特的语法规则,而不是生搬硬套其他语言的语法规则。所谓描述性语法,就是对所存在的语法现象进行客观描述。

上述所提到的语法主要是指传统英语语法。在20世纪50年代之后,又出现了很多新的语法,如转换生成语法、功能语法等,很多学者将这些语法称为"理论语法"。转换生成语法(transformational-generative grammar)由美国语言学家诺姆·乔姆斯基(Noam Chomsky)于20世纪50年代中期提出。转换生成语法简称TG-grammar。转换生成语法由句法部分(syntactic component)、语音部分(phonological component)以及语义部分(semantic component)三部分的规则构成。功能语法由韩礼德(Halliday)提出,韩礼德认为语言在发挥着一定的功能,要揭示语言使用的原理就需要对语言以及语言的功能进行分析,因此他提出了从功能的角度研究语言,即功能语法。

二、英语语法教学的重要性

英语语法教学的水平直接影响着学生的语法能力。英语语法教学的重要性主要体现在以下两个方面。

(一)夯实英语语言的基础

语法作为组织语言的重要手段,是英语教学的基础。语法教学的基础作用主要体现在以下几个方面。

(1)英语语法教学的主要内容是要学生掌握英语遣词造句的规则。学习语法知识对语言学习具有调整功能。英语词汇在构成句子时并不是随意的,只有符合语法规则才能构成正确的句子。学生可以通过自己接触的语言材料,并通过对这些材料的模仿产生很多新的句子,但是这些句子中有很多句子因为学生语言能力的不足而无法正确表达。语法知识可以对这些表达不清楚的句子进行调整,使其符合英语语法规则,成为表意清晰、意义明确的句子。在中国的英语教学环境中,课堂之外的英语实践活动很少,因此英语语法教学就更加重要了。学生在课堂上接触到的英语语法是他们语法学习最重要的途径。

(2)语法教学在英语学习中很重要,它不但影响英语的输出,还会影响英语的输入。英语中词汇的输入也要依赖于语法的帮助,同等条件下,语法掌握得好,英语的输入处理就会迅速有效;如果英语语法知识不足,输入就会受到影响。英语中的输入是输出的先决条件,没有有效的输入就无法进行有效的输出。因此,语法教学是英语教学中很重要的一部分。

(二)促进英语听说能力的精确化

英语语法教学对学生听力理解和口语表达的精确性有非常大的推动作用。语法作为语言组织的规则,它能够让学习者在有限的词汇量下按照一定的语法规则创造出无限的句子。从这一点上来看,也体现了语言交际任务的目的。如果在具体的交际环境下频繁使用毫无语法规则的句子,往往会产生交际障碍,同时也不利于交际活动的正常进行。语法教学围绕交际任务进行,在交际中适时地融入语法知识,不仅有利于提高交际的准确性,还能保证交际的有效进行。

(三)实现英语技能的可持续发展

为学生英语技能的可持续发展夯实基础。换言之,语法教学能解决语言学习的"石化"现象,对语言知识和现象的学习和关注有利于语言学习的长远进步。英语作为一门在工作和国际交流中的重要语言,校内对语言知识和技能的学习很关键,毕业工作后能够让学生具备对语言知识和技能的自学并深化的继续学习能力也是英语教育者教学和学生的要务之一,而扎实的语言知识能让学生在自学过程中占优势。

总之,语法教学具有重要的意义和作用,应在英语教学中占据一席之地。在中学阶段,学生已经基本掌握了一些语法项目,但在深度和广度上还很局限。为了更好地为以后的交际服务,大学阶段还需要进一步进行语法知识的学习并深化语言交际技能。

三、大学英语语法教学的现状

英语语法也是大学英语普通测试中必不可少的部分,是构筑英语基础的奠基石,语法教学关系到学生对语言的理解和应用。语法项目在众多考试甚至研究生入学考试中都占了相当大的比重,然而在具体的语法教学实践中仍存在许多问题,主要体现在以下几个方面。

(一)语法教学方式单一

在目前的大学语法教学实践中,许多老师多采用讲解语法概念和原则,进而作相应练习的教学方式,甚至不少教师对课堂中遇到的语法规则进行大量的讲解,因而占用了教学和学生学习的大量时间。学生在教学中处于被动状态,学生似乎一听就懂,可是过些时间又感觉很陌生,遇到语法知识融合的现象就感觉不知所措。教师的讲解不等于学生的能力,能力是在实践基础上将知识内化的过程,二者是迥然不同的概念。究其原因,主要体现在以下两个方面:一方面,语法讲解对于教师而言,简单、易行、传统、省力;另一方面,教师往往在课堂上自觉或不自觉地过度维护自己的话语权,甚至"一言堂",有时不惜侵占学生课堂的话语权。语法教学不仅需要适当的讲解,更需要有效的技能训练。

（二）忽视英语语法意识的培养

有关语法应用考查的题型在各类大学英语考试中也占据着不小的比重,如改错题和英语写作,改错题和写作是英语语法项目在语言实际情境中的应用,需要学生具备扎实的语法功底,如果学生对语法项目不熟悉,对一些语法错误就会缺乏敏感度。或者说如果只是死记硬背一些语法知识而缺乏理解,对语法错误也会全然不知。英语语法能力的培养是一个不断递进和发展的过程,从语法知识的认知、语法规则的提炼和运用一直到语法意识的养成这一整个环节是学生英语语法能力不断向纵深发展的过程。语法意识是学生语法能力发展的最高境界,然而,目前淡化语法意识则是英语语法教学方向的迷失。

（三）缺乏系统的分析总结

大多数学生对语法项目并不陌生,一提到语法也能说出时态、语态、虚拟语气等,但如果说到具体的语法条目,很可能一知半解,头脑中没有建立一个整体的认知和完整的框架。因此,教师对英语语法进行总结和学生自己的总结和梳理都十分必要,总结分为两方面的内容：一方面,对已学语法进行系统梳理以及在理解的基础上强化记忆；另一方面,对语法错误案例的分析,分析学生错误产生的原因,学生英语语法学习的心理过程和产生错误的原因远比语法规则本身复杂,这对减少错误和提高学习效果十分关键。

（四）学生对语法缺乏兴趣

语法作为语言的学习模块,具有枯燥、规则多、零碎并需要学生大量记忆反复运用的特点。经调查分析,许多大学生对语法学习缺乏兴趣,并且即使记住这些规则,在使用时也不会恰当应用,甚至导致学生对英语语法学习兴趣丧失。这在无形中也对教师的语法教学技能提出了更高的挑战和要求,教师只有将学生的学习需求和语法教学相结合,并不断丰富教学方式,提升语法教学技能,运用多元化的语法教学手段,才能最大限度地激发学生的兴趣,让学生在兴趣中学习。

（五）学生忽视英语课外阅读

学习一门语言需要有特定的环境,英语语法学习尤其是大学阶段学习语法更是如此。不仅需要学生在课堂上系统地学习记笔记,在课下复习并巩固运用,还需要在具体的交际中运用语法知识或结合阅读在语境中来习得语法。但目前的状况是,学生在课堂上学的是英语,课后交流用的却是汉语,学习和运用分开了。这是由我国的语言大环境决定的,但是并不是无计可施的,要想解决这一矛盾,学生就要自己给自己创造环境,尤其应重视英语课外书籍的阅读,增强课外阅读量。打破对英文课外阅读惧怕的心理,不断培养课外阅读的兴趣,在阅读中巩固语法,收获知识。

(六)教材和大纲不相协调

教材是课堂教学的依据,其质量的好坏对教学方法的选用和教学目的的实现都直接相关。但目前很多大学的语法教材和大纲不协调,甚至已经不能适应学生充分交际的要求,这不仅束缚了教师的手脚,也限制了学生的实际应用能力。目前,也有很多一线教师在研发能发展学生交际能力的语法教材,很多学者也提倡用交际语法教材替代传统的语法教材,将与交际能力相关的功能、语境、社会文化知识等因素融入教材中。还有一些国外的教材要求将传统语法大纲和功能意念大纲、结构大纲、情景大纲相结合,并将语法部分相关的练习建立在语境中。

第二节 文化差异与大学英语语法教学

一、正视母语学习对英语学习的正负迁移

在外语教学和学习中,经常有很多人会将母语和外语的特点进行对比,事实上,如果能够准确把握两种语言人文属性的表现形式和具体内涵也会对英语的学习很有帮助。如果上升到理论阶段进行分析研究,这主要是针对语言现象和文化现象的相互关联性、部分关联性和互不关联性的分析和探讨。就英汉两种语言来看,汉语作为母语,英语作为第二语言,二者也存在很多共同之处和不同之处,母语学习对第二语言学习积极、有益的影响就是语言学习中的正迁移。在第二语言的学习中,如果母语并没有起到支持和促进作用,反而在某种程度上干扰了第二语言的习得就是语言学习中的负迁移。如果对母语和第二语言间的差异了解不够,用母语的思维模式和结构类推就会产生错误。甚至如果将英语单词放在汉语结构中,还会产生大量的汉语式英语。例如:

Jincheng City has 2.2 million population.

晋城市有220万人口。

本例就是典型的汉语式结构和语序错句。但如果能很好地对两种语言的文化差异进行对比分析,就能减少错误。

二、对中西方文化差异和思维差异的分析

据统计,在我国学生的英语学习中,出现频率较高的语法错误有主谓语、数、时

态、代词等的不一致,句子不连贯、结构不完整、词语搭配错误、词性错误、指代不清、修饰语错位等,究其主要原因,也是对英汉两种语言的文化差异不了解导致的。下面将结合一些具体的语用错误进行分析。

(1)主谓关系混乱。例如:

We wear clothes are made of cotton.

我们穿的衣服是棉质的。

上述原句应为:The clothes we wear are made of cotton.

(2)主语词性错误。例如:

Does happy equal a fun-filled,pain-free life?

幸福就是充满快乐,没有痛苦的生活吗?

上述原句应为:Does happiness equal a fun-filled,pain-free life?

(3)主谓不一致错误。例如:

Mary with her brother go to school by bike every day.

玛丽和她的哥哥每天骑车去上学。

上述原句应为:Mary and her brother go to school by bike every day.

(4)谓语的错误省略。例如:

We three people in the same age.

我们三人同岁。

上述原句应为:We three are in the same age.

三、对比和分析英汉语言中的跨文化差异

在英语语法体系中,英汉两种语言的跨文化差异和思维差异在词汇与句法层面表现得较为明显,具体有如下几个方面的体现。

(1)从词汇层面来看,两种语言的跨文化差异随处可见,其中词义的对应关系就涉及社会、语言、文化等多种因素。英语和汉语中的词语含义也体现了中西文化的诸多差异,如较为常见的植物、动物、数字、颜色、服饰、自然气象、季节、味觉、政治、宗教信仰等方面的词以及俚语、交际语、称谓语、礼貌语、委婉语、敬语、谚语、成语、问候语等方面的词,都体现着不同的文化含义和文化背景。在大学英语教学中,从词汇层面的文化差异进行展示也有利于英语语法的应用和理解。

(2)从句法层面来看,英汉两种语言的跨文化差异主要体现在用法和形态方面,并呈现出不同的语法特征。汉语是一种无标记语言,缺少严格的意义形态变化,英语则是有标记语言,有着丰富的语言形态的变化。英语语言中,动词的作用

突出且明显,它以动词为核心,重分析、轻意合。然而,汉语则不注重形式,句法结构不必完整,重意合、轻分析,常以名词为中心,主语经常不与动词发生关系。通过对这些句法层面差异的对比也有利于学生对语法知识的掌握。

(3)从表现方法层面来看,英汉两种语言也存在着明显的跨文化差异,如逻辑抽象与直觉形象、精确性与模糊性、个体分析与整体综合等,通过表现手法方面的跨文化差异对比,对学生在学习的过程中理解中西方思维方式在两种语法上的表现形式也非常有帮助。

第三节 中外文化视角下大学英语语法教学的方法

一、语感教学法

在大学英语教学活动中,对英语语感的培养能够有效地提高学生的语法水平。英语语法就是构成句子的法则,在学习英语时注意积累就会不断地提高自己的语法水平。

语感教学法要求教师在教授课程的同时能够将英语中好的句子和语段给学生指出来,并且让学生进行多种方式的背诵记忆。在学习完一篇文章之后,教师可以指定几段作为范文让学生进行记忆,学生可以采用背诵或者多人合作角色扮演的方式对语段进行记忆。学生在背诵文章的同时会根据语篇的结构和语法的构成回忆句子,这样的语法教学更加机动灵活。英语语感的培养不仅会使句子输出效率大大提高,而且还会提高学习者对文化内涵的理解能力。

人在说话表达观点时不只是传递语言当中的文字信息,还在某种程度上表达了自己内心的一种情感诉求。有时话语所传达的字面信息并不能完全传递出说话者想要表达的真正意图,只有了解语言背后潜在的含义才能实现很好的沟通效果,语感的培养就在无形中提高了学生对文化含义的理解和接受能力。

二、对比教学法

对比教学法是语法教学的一个重要方法,在英语语法教学的开始阶段学生总是会出现很多不理解的语法知识。不同的文化背景和生活习惯会给语法教学带来障碍,但是如果能够利用好已有的语法知识,英语语法教学就会变得简单很多。将母语正迁移的影响发挥到最大,使母语促进第二语言语法的习得。英语语法和汉语语法在形式和用法上有很多相同之处。学习者可以利用汉语语法来学习英语语法,语法教学活动应该尽可能地将汉语语法同英语语法进行对比。英语和汉语中的基本句型基本相同,只是在句子结构上会有细微差别。例如:

If any of the joint ventures wish to assign its registered capital, it must obtain the consent of the other parties to the venture.

合营者的注册资金如果转让必须经合营各方同意。

英语表达中主语是 any of the joint ventures,但在汉语中则是"注册资金"作主语。

The economic growth rate has been noticeably affected by the chaotic state of the market.

经济增长的速度受到市场混乱的影响,这是显而易见的。

英语中的 noticeably 作为副词修饰动词 affected,但在汉语中则把 noticeably 当作一个句子来翻译,作为补充说明。

三、知识竞赛法

知识竞赛法就是运用知识竞赛来促进语法教学的一种方法。这种方法能通过对学生好奇心、求胜心的调动来提高学生的语法学习兴趣。同时,知识竞赛的内容还可以尽可能融入各种不同的文化内容。对大学生而言,这种方法也对课堂氛围的调动具有积极的作用。在语法教学中,运用竞技法可按如下步骤展开教学。

首先对学生进行分组,每讲完或要求学生看完 1~2 个语法现象之后,向学生提问。问题的形式可设置为必答题和抢答题两种,答题方式可以组为单位也可由组代表来回答。同时,教师还可以根据各组回答情况的好坏,让其他组同学给予适当的掌声鼓励,以勉励回答差的个人或小组。下课之前,教师还应留给学生几分钟的时间,让他们全面浏览自己本节课的语法笔记,并以个人或分组的形式就刚讲完的语法知识进行竞赛,进而巩固当天所学。

事实上,这种竞技法语法教学的开展方法不止一种,教师可以根据班级情况采取多种多样的方法。

四、多媒体教学法

在英语教学中,运用多媒体教学具有很大的优势,能让学生在不知不觉间将所学的知识转化为能力。下面将结合英语时态"过去进行时"和"过去完成时"的具体实例对多媒体语法教学加以介绍。

步骤一:

教师在大屏幕上展示 flash 动画,并结合画面背景对学生进行提问。

T:What is she doing?

Ss:She is watching TV.

学生回答完问题之后,点击画面下方事先拟定好的时间 at five o′clock yesterday evening;学生思考之后,教师可能会说:"She was watching TV at five o′clock yesterday evening."

重读并引出过去进行时态这一语法项目,接着播放多媒体屏幕上的下一个画面:Have a party.

T:What are they doing?

Ss:They are having a party.

接着点击出现 at this time yesterday。

T:They were having a party at this time yesterday.

教师同样重读 were having a party,逐个让学生看画面对话。通过画面,学生对时态的概念、结构和用法便有了深刻的印象。

步骤二:

对过去完成时的语法进行详细讲授。教师可制作一张画面投影:在火车站,一辆列车刚被开走,一位旅客在后面到达。

T:What happened to the train?

Ss:The train left.

T:What happened to the man?

Ss:The man was late for the train.

教师根据画面提示学生,当他到达时,火车已经开走。教师接着问:"When he arrived,the train had already left."从而引出过去完成时态的结构,屏幕上就会展示出时间和动作的比对表,如下所示。

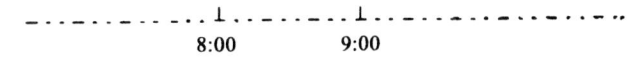

```
_._._._._._._._|_._._._._._._|_._._._._._._._
              8:00          9:00
          the train left the man arrived
```

此表形象地说明了"火车开走"发生在"他到达"之前,并很直观地说明过去完成时指该动作发生在过去的过去。

步骤三:

对上述两种时态进行总结,借助于多媒体展示给学生。

过去进行时通常和表示过去的时间状语连用,表示过去某一时间正在进行的动作。例如:

They were building a dam last winter.

过去完成时则表示过去某时或某动作之前业已完成的动作或情况,即表示过去的过去。例如:

The plane had already taken off when we arrived at the airport.

多媒体语法教学集语言、声音、文字、图像等多种信息于一体,是一种新型的、科学化的教学手段,师生能够在课堂上很好地互动,打破了传统课堂沉闷的氛围,在轻松愉悦的环境下加深了学生对语法知识点的记忆和理解。同时,使用多媒体教学还可以创设情境、感染学生,增添课堂教学的兴趣和活力。对学生自主学习能力的培养和思维灵活性和创造性的开发也具有很好的作用。

五、显性文化与隐性文化教学法

就文化教学而言,显性文化教学是一种以知识为中心的、独立于外语教学的、比较直接系统的文化教学的方法。这种教学方法具有省时、高效的特点,并且这些自成体系的、独立于语言教学的文化资料还可以很方便地供学生随时自学,但这种显性文化教学也存在着固有的缺点和不足。例如,不仅使学生对异文化形成简单的理解和定性观念,不利于跨文化交际的有效进行,同时,作为学习者,其扮演着被动接受的角色,不利于其形成文化探究能力和学习策略。

相对于显性文化教学而言,隐性文化教学法是一种将外语教学同文化教学有机结合起来的教学方法。这种文化教学的方法优势也很明显,主要是在课堂的各种交际活动中为学习者提供感知和认识异文化的机会。不足之处在于,很容易导致学生在语言学习过程中对外国文化的自然习得缺乏系统性。

由此可见,显性文化教学法和隐性文化教学法各有优缺。因此,教师应将两种语法教学的方法有机结合起来,将跨文化交际能力作为最终的教学目标,同时综合两种文化教学的优势,兼顾文化知识的传授和跨文化意识和行为能力的培养。也就是说,在大学英语语法教学中,应适当增加显性文化教学的成分,即将语法教学处于显性和隐性的动态平衡中,在不同的学习阶段,针对不同学习者的个体特征采用不同的显性和隐性文化教学方式,帮助学生切实有效地将语法知识转化为语法能力,以达到语法教学和跨文化交际的目的。

六、情境教学法

一般来说,英语语法规则具有特定的适用范围。通过实物、环境、场景、表情、眼神、肢体语言以及多媒体等手段来创设一定的情境,有利于学生将语法规则与具体的使用条件结合起来,从而提高语法教学的质量。

例如,在讲授动词时态时,教师可利用教室内的具体环境来进行演示。

There is a book on the desk. (一般现在时)

John has read the book. (现在完成时)

John is going to read the book. (一般将来时)

John is reading the book. (现在进行时)

The book fell to the ground. (一般过去时)

学生对这一情境非常熟悉。因此,以 book 为中心词来呈现不同的时态有利于学生进行比较、体会,从而加深对英语时态的认识。需要注意的是,教师要尽力创造真实的情境,应避免脱离情境的机械操练,不能为了练习而练习。

第六章　中外文化视角下大学英语听力教学的探索

"转型时期大学英语教学"这一概念由蔡基刚于2007年提出，它特指进入21世纪以来我国的大学英语教学。之所以把这一阶段称为"转型时期"有以下两个方面的原因，一方面是自我国加入WTO、申奥、申博连续成功后，我国进入了经济全球化时代，随着经济全球化深度的日益深化和广度的日益扩大，国家对具有国际视野、通晓国际规则、能用英语直接参与国际竞争的人才需求日趋紧迫，培养这类人才的重任落在高校肩上。另一方面是经历了21世纪头十年"课堂面授+网络自学"的教学模式改革后，虽然"大学生的听、说能力有了显著提高"，但他们"对大学英语教学仍普遍不满"。大学新生的英语水平不断提高，然而大学英语教学目标定位偏差、教学内容重复、应试教育痕迹明显等问题仍然普遍存在，并导致大学生学习英语懈怠，大学英语学分普遍被压缩。从微观经济学的角度考察，生产劳动力商品的高校与消费劳动力商品的企业之间如何实现对接，生产和销售如何融合发展，是大学英语教学的出路所在。

在2014年首届"产教融合发展战略国际论坛"上，教育部副部长鲁昕指出，地方本科高校转型发展是经济发展方式转变、产业结构转型升级的迫切要求，是解决新增劳动力就业结构性矛盾的紧迫要求，是加快教育综合改革、建设现代教育体系的紧迫要求。作为课时量最大、最受关注的一门基础课，大学英语教学没有理由游离于"产教融合发展"之外，没有理由不为专业知识及专业教学服务，更没有理由关起门来一味追求语言教学规律而置社会需求于不顾。在跨文化交际日益密切的今天，英语语言的综合运用能力越来越受到外语教学界的广泛关注。无论是从社会需求还是英语语言的本质属性来看，英语应用能力的提高都应该是英语教学的重要目标。英语技能包括听、说、读、写四个方面，显然听是摆在首位的，只有听的能力提高了，说的能力才会提高，并且听力能力也是口语能力的一部分，由此可见听力的重要性。听力教学是提高听力能力的主要手段，因此本章就主要探讨中外文化视角下大学英语听力教学的转型。

第一节　大学英语听力教学概述

一、英语听力的心理过程

听力理解是日常生活中的普遍活动,然而要深刻地认识它并不容易,因为听力理解涉及复杂的心理过程。从听力理解的本质上说,它既是自下而上的意义解码过程,又是自上而下的意义阐释过程,还是二者结合的过程。

(一)自下而上的意义解码过程

词汇是语言中最小的意义单位。在听力过程中,当听者面对连续的语流时,他们需要将词汇从语流中分辨出来。这是一个回顾性和前瞻性相结合的过程。词汇辨认需要听者将听到的词汇和已有的词汇建立联系,从而激活已有词汇,所以这个过程具有回顾性;而且对一个词汇的辨认是以在它之前的词汇为起点,听者按照句法和句意,从认知上对语言信息进行预先处理。

听力和阅读不同,阅读能够得到视觉信息的帮助,可以明确地发现词汇、句子以及段落的特点。而在听力过程中,听者无法获得视觉信息,只能借助词义关系来辨认词汇,并且还受到母语的干扰。

自下而上的意义解码过程包括两个子过程,一是对话语中的词汇的音素进行察觉,二是对听到的句子进行节奏划分。其中,察觉音素是首要的环节。

1. 察觉音素

人类与生俱来的神经元网络可以对所听到的信息音频进行辨析,从而可以实现察觉音素的目的。如果不学习英语,那么辨析音频的神经元网络因为没有得到运用而逐渐衰弱。

另外,英语有着复杂的语言系统,并且和汉语属于不同的语言体系。英语中的一些语言特征给察觉音素带来了困难,如连读、弱化等。连读是在英语朗读中,如果前一个单词以辅音音素结尾,后一个单词以元音音素开头,就会自然地将这个辅音和元音连接起来而构成一个音节。连读的音节一般不用重读,只是自然地过渡。因为连读,听者就更加难以区分单词之间的界限,有可能会将前一个单词辅音和后一个单词连起来听成一个新单词,从而就造成误解。例如:

(1) We don't fear⌒ice.

学生可能会将上句错误地听成 We don't fear rice.

(2) Please use⌒ink.

学生可能会将上句错误地听成 Please use zinc.

(3) What is there to laugh⌒at?

学生可能会将上句错误地听成 What is there to laugh fat.

另外,如果一个重读音节以字母 t 结尾,而其后的一个单词以元音开头,在朗读时 t 的发音似乎和音素/d/很接近。例如,在朗读 great⌒ending, hit⌒another, short⌒answer 等短语时,字母 t 的发音都会有所变化。即使听者在英语口语中不运用这些规则,但是也要做到心中有数,这样有利于听力过程中的音素察觉。

2. 划分节奏

在辨认词汇时,还涉及节奏的划分。划分节奏是按照英语语言的读音规则,将听到的话语切分成单词,以至于正确地处理词汇和建构意义。人类生来就获得了切分母语的技巧,他们先将语流切分成不同的语法组块,然后再切分成单词,切分技巧是以头脑中存在的"音位—词汇系统"和"音位—句法原则"为基础和前提条件,并且这些切分技巧会随着语言学习过程的推进,而变得越来越自动化。也就是说,当听者的语言能力越强,他们就越能准确地切分节奏。

以英语为母语的人在划分节奏时应遵循以下两种原则。(1)重音是实词出现的标志,在英语的实词中,大概有90%的实词在第一个音节上出现重音。(2)在语流中,每出现一个意义单位就会停顿,而每隔二至三秒钟会有一个意义单位,并且停顿单位中存在着一个明显的实词项,单词或短语。

当学生将英语作为外语来学习时,上述切分技巧可能就不适用,这必然会给听力理解带来困难。事实上,不管是什么年龄的学生,如果科学地进行听力训练,都会使自下而上的意义解码过程变得更加顺利。另外,教师也要传授英语的语音特点,帮助学生更加熟练地辨认词汇。

在大学英语听力教学中,教师可以给学生安排重音辨别的练习,使学生理解词汇辨认的策略。如果学生的英语能力较强,可以选择较长的语篇让学生做重音辨别练习。交际语境越真实,学生越容易理解重音变化和节奏划分在语言中的重要性。例如:

A green house(一所绿色的房子)

A green house(一所温室或玻璃暖房)

A black bird(一只黑颜色的鸟)

A black bird(一只黑鸟,鸟类的一种)

(二)自上而下的意义阐释过程

自上而下的意义阐释过程是指听者利用已有知识,判断听到的内容并且预测即将要听的内容。储存在大脑中的已有知识由相互连接的结点组织起来,在听到某些信息时,听者可以激活与之相关的结点,如词汇、意象和概念等。在这个过程中,图式和语境是两个非常重要的因素。

1. 图式的重要性

储存在学生大脑中的已有知识就是图式,它是动态变化的。在人们通过听觉接收到各种新信息之后,这些新信息就和已有的旧信息发生相互作用,从而新的图式就形成了。图式的不断建立是学生理解输入信息的基础条件,同时也是信息得以丰富的过程。

2. 语境的重要性

在听力过程中,图式的不断建立也有可能使听者误解对方的意图。例如,当学生听到 turn 这个单词,就会激活与 turn 有关的图式。turn 可以形成很多搭配,它既可以表示动作,还可以表示变化。表示动作的包括 turn a corner(转过街角),turn over a page(翻过一页)等;表示变化的包括 turn red(变红),turn pale(变得苍白)等。所以仅仅依靠图式来进行听力理解是不够的,还必须依据上下文所提供的信息。同样,如果只是根据某个句子的表面意思来判断交际对方的想法,难免太过于片面。听者只有激活与句子有关的知识并且结合语境,才能真正理解句子的真实含义。

综上所述,以上两个过程相互作用、相互影响,强行将二者区分开来是没有意义的,但是要明白听力理解的障碍来自哪个过程。听者可以通过"自下而上"的意义解码过程和"自上而下"的意义阐释过程获取重要信息。但是,无论学生有着什么样的语言能力,都不能忽视语境在听力理解中的作用。区别在于英语能力较强的学生通过语境来扩展字面意义,而英语能力弱的学生往往比较关注细节的理解,他们不完全理解字面意义而通过语境来弥补不理解的地方。

(三)英语听力心理过程的特点

1. 英语听力的本质特点

根据听力理解的本质,可以将听力理解过程的特点总结如下。

(1)同步性

在听力理解过程中,"听"总是伴随着"说",二者是同步出现的。"听"的存在必然可以推断出"说"的存在,但是反过来就不成立,因此,"听"是建立在"说"的基础之上。这就要求听力教学应该注意"说"的内容和形式,以口语能力的提高促进听力能力的提高。

（2）短暂性

听力理解的短暂性是指所听到的信息是转瞬即逝的,不会返回,所以听者必须在当时就清楚地听到信息,否则很难补救。这就要求学生在听力理解的过程中必须全神贯注,注意听取信息以及语境。

（3）即时性

日常交际中的听力理解是一种自发性的、偶然的、即时的活动,不能被安排、被计划,也不能够被事先演练。在听力教学中,教师同样要培养学生对这种即时活动的适应能力,在关注听力过程本身的同时学习听力技巧。

（4）及时反馈性

发生在日常人际交往中的听力理解,需要听者给予及时的反馈。无论听者是否听清楚、是否同意、是否反对,听者都必须表明自己的看法。当然,这种反馈信息不一定是以语言的形式表现的,还可以是表情、肢体语言等。将这一特点迁移到听力教学中,就需要学生全神贯注并积极理解听到的内容。

（5）听说轮换性

日常交际中的听话者同时也是说话者,因为人际交往是一个互动的过程。听说轮换性是指听者为了争得话语权或者自我表达而变成说话的一方。此时他们不是为了获得清晰的理解,而积极地参与语言交际。基于这一特点,听力教学应该结合口语训练来进行,让学生通过对话或者其他互动性的活动来促进听力能力的提高。

（6）情景制约性

既然"听"是日常交际的一部分,那么它必然以特定的时间、地点和状态为背景,这就形成了听力理解的情境。对交际双方话语的理解,不能仅仅停留在字面意思上,而是需要结合特定的情境。情景对话语的意义起着决定性的作用。在听力教学中,教师要培养学生对情境的敏感性,引导学生提高情景意识。

（7）提示帮助性

在听力理解发生的交际情境下,存在着一些有助于交际双方理解信息的提示或线索。例如,说话者的表情、肢体语言都暗示着一些内容。在英语听力教学中,教师要鼓励学生关注细节,并寻找促进理解的重要线索。

2. 语言特点

听力理解中的材料来自真实的交际情境,所以它的语言比较口语化。口语是和书面语相对的一种语言形式,其主要有以下特点。

（1）语音变化复杂

英语听力理解是以声音的形式输入信息,其声音并不总是清晰可辨的,而且听力中的语言在语音上又存在着非常复杂的变化。语音变化虽然具有系统的规则,但是这些规则比较复杂。另外,音素连接在一起发生相互作用也使语音发生变化,所以才有连读、省略等现象的发生。

(2)冗余度高

有研究表明,英语听力语言往往有着较高的冗余度,占 60%~70%。人们在日常交际中为了使对方能够清晰地理解自己的意思,通常采用信息叠加的方式,包括词语重复、语义重复以及信息或话题重复等。例如:

The people in this town—they're not as friendly as they used to be.

在上述例句中,单词 they 重复出现了两次,这就是语言形式的冗余。

The milk is rancid and smelly. We should not leave it for so many days.

在本例中,存在着语言意义的冗余现象。其实可以从第二句话判断出第一句话的含义。也就是说,从"我们不该把牛奶放了这么多天"可以推断出"牛奶不新鲜、发臭"。

除了上述几种重复现象以外,听力口语中的冗余现象还包括停顿、犹豫、口误、纠错以及使用填充词等。利用语言的冗余,交际者能创造缓冲时间,以思考或纠正语言错误以及补充信息。

(3)词汇和语法口语化

在听力口语中,常常听到非正式的词汇和语法。这种非正式性表现在词汇方面,就是功能词的大量使用,如介词、冠词、be 动词、助动词、连词等,而较少使用名词、动词、形容词等一类的实词。例如:

The court said that the deadline was going to have to be kept.

在上述例子中,存在着四个实词和九个功能词。

词汇的非正式性还体现在高频词、方言、俚语等的使用上,因此常能听到 a lot, for ages, guy 等词汇。

从语法角度上说,由于交际的即时性,交际双方不得不将大部分注意力放在自己表达的内容和意义上,因此就会忽视了语言的语法,所以常常说出不符合语法规则的语言。另外,交际者为了简洁、省时,还常常省略句子中的某些成分,如果不结合语境,就会难以理解。

(4)传递信息的意义单位较小

在听力口语中,意义单位常常是两秒钟或七个单词的长度,其中含有一个或多个命题。并且每个意义单位都有各自独立的升降语调特征,通常以降调结尾,停顿也经常出现。另外,从意义单位的结构上看,意义单位常常用名词短语、介词短语或者动词构成,并常常存在省略现象。这些结构松散的意义单位主要是以交际者的中心大意为核心,并用停顿单位当作标点符号来使用,以分割句子。而书面语的意义单位通常就比较复杂。

3. 知识的特点

大体来讲,听力理解需要三大类知识:语言知识、语境知识和语用知识。其中,按照一些学者对知识的分类标准,语言知识是陈述性知识,而语境知识和语用知识是程序性知识。

(1)英语语言知识

英语语言知识包括语音知识、韵律特征知识、词汇和语法知识以及语篇知识。

①语音知识。对于听力理解能力的提高,学生首先需要掌握的就是英语语音知识。语音知识包括音标、语音的特征、语音环境特征、重读和语调等相关知识。在听力口语中还会发生一些音变现象,如连读、同化、弱化和省略等。连读是英语口语中的普遍现象,是指将联系密切的词组连读,由一个词平滑地过渡到另一个词;同化是指一些单词的读音与相邻单词的读音合并起来形成了新的发音;弱化是指非重读音节中的辅音弱读;省略是指单词内部或词与词之间一个音或几个音的省略。

②韵律特征知识。英语语言的韵律特征知识是指与重音、语调和节奏等相关的知识。重音包括单词重音和句子重音,单词重音是指一个单词中重读某个音节,句子重音是指在一个句子中重读某些单词。重读音节通常比较长,而且响亮、清晰,其前后多有停顿。另外,重音的规则不是确定的。一般依据两个方面来确定句子的重音,一方面是单词在句子中的重要性,另一方面是单词是否用来强调某些信息。

语调是指语言声调的高低变化。英语有升调、降调、升降调、降升调以及平调五种。语调可以表明说话者的态度和立场,所以它是有意义的。要理解一句话的意义,必须同时理解词汇意义和语调意义。

节奏是指句子中各个音的轻重和快慢的变化。英语的重读音节与非重读音节在轻重、快慢上存在着明显的差别,由此形成了英语语流的节奏。一个重读音节到另一个重读音节有着几乎相等的时间跨度,重读音节对说话的速度起决定性作用。这就导致一个以重读音节为核心的节奏群中包含的非重读音节越多,这个节奏群里的每个音节就读得越快,那些非重读音节就越含混。

③词汇和语法知识。在听力理解中,辨认单词和了解语法特征也非常关键。

对于单词的辨认,首先要对句子中的词语进行切分。辨别重读音节是英语的主要切分技巧。另外,还可以通过节奏来切分词语。在辨认单词之后,如果学生依然不理解所听到的信息,必须借助其他手段来弥补,如猜测词义策略等。听力口语有其独特的语法形式,主要包括以下几个方面:第一,中心语成分一般位于句首以促进听者对话题的确定;第二,位于句末的成分一般与之前的代词相互照应;第三,省略现象非常普遍,如省略主语、谓语、连接词等;第四,英语中存在一些话语标记,如 anyway,I see,what's more,so 等,这些词语可以区分话题或内容的界限;第五,情态动词的广泛运用。

④语篇知识。语篇是一个比较大的意义单位,不和句子并列。对于语篇的类型和衔接手段,学生要非常熟悉和了解。其中,英语语篇有着独特的衔接手段,它有很多衔接词,并且也可以通过替代、省略和话语标记来表示衔接。除此之外,学生还应该了解语篇模式的特点,语篇模式体现了语言组织的形式,是一种宏观结构。英语语篇有两种常见模式:线性话题发展模式和并列话题发展模式。

(2)英语语境知识

英语语境知识可以分为情景语境知识和文化语境知识两种。

①情景语境知识。情景语境知识包括两个方面,一方面是交际所发生的物理环境,另一方面是意义表达所依据的上下文。

第一,物理环境影响着听力理解,它对话题有着决定性的影响。例如,发生在医院的交际语言通常是关于医生、病人和病情的;发生在商店的交际语言一般是关于购物的。并且环境对语体也有决定性的影响,发生在朋友之间的交际语言通常是非正式的,而发生在公共场合的交际语言一般比较正式。

第二,上下文语境对于语言意义的理解也起着关键性的作用。

首先,某个单词在不同的上下文中可以表达不同的意义,如 loud music 中的 loud 表示"吵闹的",而 a tie with a loud pattern 中的 loud 表示"花哨的"。

其次,当听到一个多义词时,上下文也可以帮助听者对该单词的意思进行确定。例如,printer 含有两种意思,当学生听到"The printer needs toner."时,便能确定这个单词在此处是表示"机器";而当学生听到"The printer is sick."时,也能迅速判断出此处的 printer 是表示"人",因为只有人才会生病。

再次,上下文语境促使语义网络的形成。例如,当学生听 fire engine 这个短语时,就可以联想到 fire,red,truck,fireman 等,而这些词又能使学生联想到与其相关的另外一些词语,通过这样的不断联想,就构成了一个庞大的语义网络。

最后,听力过程中的上下文语境还包括声音因素。语调、语气和节奏等都传达着重要的信息,可以暗示着说话者的观点和态度。

②文化语境知识。在交际过程中,交际者借助各种主观和客观因素来表达特定的意义,如时间、场合、话题以及交际者的身份、心理状态、文化背景、交际目的、交际方式以及肢体语言,这就是文化语境知识,它主要体现在以下三个方面。

第一,具有文化内涵的词语。

在语言的各个单元中,词语是最为灵活的一个单元,它能反映一定的文化内涵。有个英语短语是 bank holidays,它之所以称为"银行假日",是因为在这段时间不营业。再如,doggy bag 这个英语短语,从表面上理解是"狗食袋",但事实上是表示在饭店打包用的袋子。另外,有些词语有着独特的背景意义,如 sheep(绵羊)代表着善良的人,而 goat(山羊)则代表着邪恶的人,因为 goat 出自希腊神话。

第二,英语国家的社会风俗和生活习惯。

一些传统的文化和体育活动可以体现着国家的风俗习惯,如英国人比较擅长 football(足球)和 Polo(马球),如果是在酒吧,那么 billiards(桌球)和 dart(飞镖)就比较受欢迎。另外,美国人喜欢自由、性格直爽,hamburger(汉堡包)和 hotdog(热狗)等美国人钟爱的快餐如今已经成为世界级的食品。

第三,英语习语。

习语的广泛存在是英语语言的一大特征,包括谚语、成语等。英语习语的语法形式和结构一般比较完整和同定,意义也比较完整。有的习语还以幽默的语气体现着英语国家的民族文化内涵。例如,cast sheep's eyes to someone 是指"暗送秋波",Pandora's box 是"潘多拉的盒子",表示灾难的根源等。

(3)英语语用知识

掌握一定的语用知识对于听力理解有着举足轻重的作用,这就要求学生要理解会话含义。在日常会话中,人们有时候不会直接表明自己的观点,而是通过暗示让对方明白自己的意思。因此,会话包括"直说的内容"和"含蓄的内容",前者是字面意义,后者是实际用意,二者之间常常存在着一定的距离。例如:

A:Are you going to see the movie tonight?

B:I have an exam tomorrow.

在上述例子中,B 没有对 A 的提问进行正面回答,然而 A 已经明白 B 不想去,因为 A 知道考试明显比看电影更加重要。所以,需要根据常识、双方已知的信息和推理能力,去理解日常交际中的会话含义。

另外,语用知识还包括理解说话的适合时间、适合场合、如何发起会话以及如何结束会话。例如,问候语适用于会话开始时,告别语适用于会话结束时,还有一些致谢语、道歉语、赞美语等。

二、学习英语听力的重要性

(一)可以巩固学生的语言知识

听力教学活动可以有效促进学生所学语言知识的不断内化和巩固,从而利于构建知识体系。听的过程是一项十分复杂的信息处理过程,这一过程必然涉及对语言信息的理解和输出。学生通过听力理解活动,既提高了听力水平,又实现了新知识的构建,掌握了语言规则和内容。因此可以说,听力教学过程是"学生理解、学习和构建新知识的过程",听力教学活动是"实现学生知识构建的有效手段"。

(二)可以提高学生的语言运用能力

听力教学活动是促进学生综合语言运用能力的有效途径之一。作为语言输入的一种重要方式,听力教学活动既能引导学生对英语语言的声音符号信息进行辨别,又能使学生展开积极思考,对语言信息进行重新组合,更好地理解所学的语言知识,同时提高语言学习效率,最终实现语言运用能力的发展。

三、大学英语听力教学的现状

虽然当前我国的大学英语教学改革取得了一定的进展,但大学英语听力教学中仍然存在很多问题,这些问题致使教师很难顺利、有效地开展英语听力教学。下面对我国大学英语听力教学中存在的问题加以分析。

(一)教师方面

1. 教学观念相对落后

虽然我国当前各阶段的英语教学大纲对于听力教学做出了明确的规定,但大多数英语教师过多地关注教学大纲所规定的词汇量的要求,这就导致很多教师在教学中只对英语阅读教学给予极大关注,而忽视了英语听力教学。加之有些地区院校条件有限,开展听力教学有一定的局限性,因此教师很容易在教学中出现阅读、听力教学活动安排不合理的现象。

2. 对教学目标定位不当

在大学英语听力教学中,不少教师由于缺乏分析、把握教材目标的能力,而只把完成教材的听力练习作为听力教学的重点。有些情况下,如果教材上的听力材料太难,教师就会对听力练习进行调整,降低其难度,如将听力任务中需用完整句子回答的问题改为单词填空,并且填空的内容多为学生很容易听出来的信息。虽然这种做法从某种程度上有利于听力教学的顺利开展,但实际上违背了教材设定的最初听力教学目标,不利于有效听力教学的实现。

此外,在应试教育的大背景下,不少教师把教学目标最终锁定在通过英语应用能力考试(A、B级)、通过大学英语四、六级考试上,这在很大程度上制约了教师对听力教学活动的合理安排。

3. 课前缺乏适度引导

课前缺乏适度引导也是当前大学英语听力教学存在的问题之一。目前,一些教师习惯性地在听前解释和说明所要听材料的生词、句型和前后逻辑关系,这种过度的引导使得学生根本不需要认真听材料,就可以选择正确的答案,这样一来,听力训练就变成了摆设或是走过场,也就失去了听力教学的意义。

与之相反,有些教师在听前不做任何相关引导,就直接播放听力材料,要求学生完成听力任务。由于教师事先没有介绍和说明听力材料中的生词以及相关的背景知识,而学生本身对话题也不熟悉、不了解,因此在这种情况下,学生很难顺利完成听力任务,从而产生挫败感,丧失听力学习的积极性。

可见,在大学英语听力教学中,教师适度的听前引导是非常重要的一个环节。适度引导要求教师要把握一个度,不能不引导,也不能引导过度。

(二)学生方面

学生方面存在的问题主要包括心理负担重、听力习惯不良、基础知识积累不足。

1. 心理负担重

在英语听力课堂上,有的学生一听说教师要播放听力,心里就会焦虑紧张,大脑一片空白;有的学生由于成绩不好,缺乏自信,甚至产生自卑心理;还有的学生存在羞怯心理,害怕老师或同学知道自己的不足而不敢开口说。长此以往,这种压抑的心理状态必然导致学生的学习情绪不佳,英语听力水平也得不到有效提高。

2. 听力习惯不良

听力理解过程就是学生对听力材料的内容进行联想、判断、记忆、分析、综合的过程。学生的这种逻辑思维能力的运用程度决定了他们对所听材料做出的反应程度以及准确度。然而,在实际的学习过程中,学生往往因为缺乏这种逻辑思维能力而养成一些不良的听力习惯。例如,学生在进行听力训练时,由于缺乏利用非言语提示、借助上下文进行推理的能力,常常因为某一个词、某一句话没听懂,就停下来苦思冥想,结果影响了后面的听力内容,错过了掌握大意的机会;还有的学生不会利用做笔记、联想发挥等策略来检索输入信息以解决问题,这些对于听力能力的提高都会产生不良影响。

3. 基础知识积累不足

学生英语基础知识积累不足是目前我国大学英语听力教学中存在的显著问题之一。学生基础知识的缺乏主要体现为如下两点。

(1)学生缺乏必要的语音知识,对意群、连读、失去爆破等语音规律掌握不牢,这就导致学生在听力的过程中一旦遇到连读、弱读、吞音等现象,就会产生误听,从而不能准确把握和理解所听句子的意思。再加上有些学校语言环境和教学设施的缺乏,学生基本不能受到专门的英语发音和听力技能训练,因而必然就导致学生的语感差、无法掌握英语发音的特点和规律。此外,受方言的影响,学生的发音也不准确,必然对听音的准确性造成影响。

(2)学生词汇量小,对语法知识和句法结构不熟悉也严重阻碍了学生的听力理解。另外,由于受应试教育的影响,学生对英语单词的掌握只停留在识记上,往往不注意单词的拼写和读音之间的联系,加之听说训练的缺乏,因而学生单词掌握并不牢固,拼写也不准确。

(三)教材方面

教材在教学过程中发挥着重要的作用。一本好的听力教材不仅能为学生提供最佳的语言材料和实践活动,还有利于开阔学生的视野,促进学生语言综合运用能力的提升,提高学生的文化素质;一本好的听力教材还具有"可教性",既符合学生不同年龄阶段的认知水平,也易于教师课堂操作。但就目前来看,在我们现在所使用的英语听力教材中,有些教材内容相对比较陈旧,缺乏开放性,无法很好地体现最新的教学方法和教育思想;有些教材可教性差,内容编排不符合学生的认知发展规律,从而严重阻碍了听力教学的顺利开展;还有些教材更新周期较长,缺乏层次性和多样性,不能体现快速变化的时代特征。

另外,教材的选用方面也存在一些问题。不少教师在选用教材时没有注意到听力材料的真实性、交际性和实效性,忽略了不同内容、不同题材、不同体裁的听力材料的选择,这就严重制约了听力教学方法的选择和优化。就当前我国大学英语听力教学所使用的教材来看,不少听力材料是由阅读材料简化或改写而成的,书面语色彩浓厚,口语痕迹较少,这就导致学生不能接触到真实的交际语言,从而制约了学生听力应用能力的发展与提高。

（四）听力环境方面

听力环境问题主要表现在两个方面：一是听力的客观环境不良；二是缺少自然语言运用的环境。

1. 客观环境不良

客观环境对听力教学有着重要的作用和影响，包括外部环境与硬件设施条件的影响。我国目前很多学校的听力设备陈旧老化，教室外经常有噪声，学生离声源过近或过远等一系列因素，都会对学生的心情、学习的状态以及学习的兴趣等产生影响，进而影响听力教学的开展。因此，教师应该尽可能地创造条件，使学生在良好的听力环境中进行听力学习和训练，如运用语音室，或者多媒体，以此来帮助学生克服心理障碍，集中注意力，专心进行听力学习。

2. 自然语言运用的环境缺乏

在我国，英语是作为第二语言进行学习的，因而教材是学生进行英语学习的主要语言材料来源，课堂则是英语学习的主要场所。大学英语听力教学也不例外，由于缺少自然语言运用的环境，听力教学也会受到一定的阻碍。

第二节　文化差异与大学英语听力教学

一、文化差异下大学英语听力教学的目标

《英语课程标准》对大学英语听力教学的目标做出了清晰而有条理的说明，内容如下。

二级目标：

(1)能在图片、图像、手势的帮助下，听懂简单的话语或录音材料。

(2)能听懂简单的配图小故事。

(3)能听懂课堂活动中简单的提问。

(4)能听懂常用指令和要求并作出适当反应。

五级目标：

(1)能根据语调和重音理解说话者的意图。

(2)能听懂有关熟悉话题的谈话，并能从中提取信息和观点。

(3)能借助语境克服生词障碍，理解大意。

(4)能听懂接近自然语速的故事和记叙文，理解故事的因果关系。

(5)能在听的过程中用适当的方式做出反应。

(6)能针对所听语段的内容记录简单信息。

八级目标：

(1)能识别不同语气所表达的不同情感。

(2)能听懂有关熟悉话题的讨论和谈话并熟悉要点。

(3)能抓住一般语段中的观点。

(4)能基本听懂广播或电视英语新闻的主题或大意。

(5)能听懂委婉的建议或劝告等。

二、文化差异下大学英语听力教学的内容

(一)听力知识

听力知识具体包括如下几个方面。

(1)语音知识。听力理解是从听觉渠道输入信息，所以了解足够的语音知识对于听力理解而言起着重要的作用。在英语语音中，连读、重读、语调和发音规则是基本而普遍的知识。

(2)策略知识。策略知识帮助学生按照听力任务选择适合的听力方式。

(3)文化知识。对所听话语的理解需要借助一定的文化知识，否则很容易出现误解的情况，因为语言就是文化。

(4)语用知识等。交际中的会话含义是普遍存在的现象，需要借助一些语用知识才能得以理解。

(二)听力技能

听力技能包括基本听力技能和听力技巧两个方面。

1. 基本听力技能

基本听力技能具体包括如下几个要素。

(1)辨音能力。在听力理解中，需要具备基本的辨音能力，如辨别音位、重读音节、语调和重弱等。

(2)交际信息辨别能力。听力中的语言是交际语言，所以学生需要具备交际信息辨别能力，包括辨别新信息指示语、例证指示语、话题终止指示语、语轮转换指示语等。

(3)大意理解能力。这要求学生及时抓住交际者的意图等。

(4)细节理解能力。细节对于意义的理解也是不可忽视的，学生需要有意识

地注意听力理解中的细节内容。

(5)词义猜测能力。学生很可能会遇到一些陌生单词,这就需要他们借助已有知识和上下文提供的信息猜测词义。

(6)推理判断能力。交际双方的态度、观点和情感有时并不会直接显露出来,学生需要通过推理去获得深层次的理解。

(7)预测下文能力。学生如果能够根据已经听到的信息预测即将听到的内容,就能大大提高听力效率和效果。

(8)评价能力。这是评价所听内容、表达自我看法的能力。

(9)记笔记。记笔记是听力中的一项重要技能,有助于听者对整体信息的理解。

(10)选择注意力。根据不同的听力目标,将注意力集中在不同的内容上,这就是选择注意力。

2. 听力技巧

通常情况下,技巧就是技能,技巧就是策略,它们可以相互代替。例如,对于某个特定的听力内容,猜测词义或许是一个基本听力技能,也可能是一个听力技巧或策略,还可以是一个听力目标。但是,当技能、技巧和策略处于不同的层面,它们就指代不同的含义。技巧表明的是活动操作方式。例如,猜测陌生词语的词义是一种基本技能,然而人们可以通过各种合适的技巧去猜测词义,可以根据上下文以及交际者的表情、肢体语言去猜测词义。当技巧的运用非常得当并且有利于意义理解,它就上升到策略的层面了,否则就只是技巧而已。

(三)听力理解的内容

在听力过程中,既要理解话语的字面意思,又要理解其隐含意思。对于听力理解,学生需要了解以下内容。

1. 辨认

辨认是听力理解的第一层次,是后续过程的基础。辨认的对象涉及语音、信息、符号等方面。其中,语音辨认是最简单的要求,而最难以完成的是意图辨认。检验学生是否能够辨认,可以通过正误辨认、匹配、勾画等具体方式。例如,教师打乱听力材料中的对话顺序,然而让学生按照所听的内容重新排列顺序。

2. 转换

信息转换是听力理解的第二层次,它是指将所听到的内容转换成图、表,其中需要包含对信息的分析。要做到第二个层次,学生要能够在语流中辨别出短语或句型。如果能够辨认短语或句型,学生就能够理解日常谈话的大致内容。信息转换包括两个方面,一是原信息的转换,二是重新选择语言来进行转换,填图、填表等是可以借助的方式。

3. 重组与再现

重组与再现是听力理解的第三层次,要做到这一点,学生要能够在口头或笔头上重新表达所获取的信息。在这一层次上,学生因为不熟悉某个话题的相关词汇,往往就会遇到障碍,所以教师在听力教学中应该扩展各个方面的词汇,并引导学生按照所填图表对这些词汇进行复述等。

4. 社会含义

听力理解中的语言就是交际语言,交际语言要做到得体、礼貌,少不了对社会含义的理解。听力材料往往包含多种多样的语言形式,涉及多个话题、多个情境,教师要使得学生的描述与图片场景相一致。在描述中,社会含义的表达能够借助语言的正式程度来体现,在图片中,正式程度反映在穿着、身势语等方面。

5. 评价与应用

听力理解的最高层次是重新组织语言对信息进行评价和应用。听力理解不是无目的的行为活动,而是通过理解交际者的意图,达到沟通或解决问题的目的。从这一点来说,听力教学要能够借助讨论和问题解决达成评价和应用的目的。根据题材、内容的不同,听力理解的层次就会发生变化。教师要让学生总是处于听力理解的最高层次,就需要扩充学生的词汇量。

(四) 逻辑推理

除听力知识、听力技能和听力理解以外,语法和逻辑推理知识也是正确判断和理解语言材料的必要条件。因此,大学英语听力技能教学必须重视对学生语法知识的巩固和逻辑推理的训练。

(五) 语感

语感是对语言的直接感知能力。良好的语感有助于学生即使在语法有所欠缺的条件下依然能够快速而正确地做出判断。显然,学生如果具备好的语感,听力理解的效果就要好许多。因此,在大学英语听力技能教学中,教师应注意对学生语感的培养。

第三节　中外文化视角下大学英语听力教学的方法

一、听写作文教学法

听写作文教学法经过大量实践的验证,已经成为大学教师广泛采用的有效的听力教学方法。该方法注重篇章、学生需要、学生主体性以及任务的基础性作用,目的是使学生的各种听力技能得以提高。具体来讲,它包含以下四个流程。

(一)准备

1. 预测

在听力的准备阶段,教师要指导学生了解关于听力材料和话题的相关知识和背景信息,这就使得学生有可能预测即将听到的内容。按照图式理论,人们储存在长时记忆中的知识是以图式为表现形式的。当开始发生知觉时,因为外部信息的刺激,知识网络中的某个图式得以激活,这就导致图式处于动态变化的状态,也就是可以预测。

在听前阶段,教师通过预测、头脑风暴、问题、发现等活动,促进学生对已有图式的激活或者新图式的建立,从而达到听力目的的确定、背景知识的激活、话题的展示以及动机的激发等。

2. 预测所需要的知识

事实上,只要是信息输入的活动,大脑中是否存在着可以预测的图式影响着信息输入的效果。缺乏广博而深刻的知识,就难以进行准确的预测。进行预测所需要的知识不仅包括语言知识,还包括背景知识,所以学生在遇到自己较为了解的听力材料时,就觉得听力效果比较好,这就体现了语言知识、背景知识在听力理解过程中的作用。

(1)语言知识

语言知识不仅包括语音、词汇和语法三个部分,还包括关于文章体裁和结构的语篇知识。其中,让学生形成整体的语篇意识尤为重要。

①语音知识。主要是关于发言规则、重读、连读、节奏、语调等方面的知识。

②词汇知识。也就是有关词汇分类、词汇性质、构词规则、词汇意义等方面的知识。

③语法知识。包括词语构成和句子构成等方面的知识。

④语义知识。也就是有关语言意义等方面的知识,如歧义、反义语言的预示、

指示及语境等。

这里需要提出的是,培养学生的语篇能力尤为重要,以下是具体的培养方法。

①教师应该注意学生语篇意识的培养。教师应该让学生明白,在听力理解中出现理解模糊的现象是正常而自然的事情,遇到这种情况也要保持镇定。

②教师要告诉学生,听力理解中的模糊部分或许会在听力材料的其他地方出现,或者可以结合上下文的语境进行再次理解。

③教师要让学生意识到,不是听力材料的所有内容都是影响意义理解的,听力模糊的部分可能并不影响对语篇意义的理解,若是这样,就可以跳过。

(2)背景知识

①背景知识的内涵。背景知识是有关地理位置、风土人情、文化历史等方面的知识。听力材料的背景知识也就是内容图式,其中文化是内容图式的重要元素。扩展学生的背景知识,能有效避免学生的知识性障碍。缺乏足够而充实的内容图式,就无法理解听力材料的意义。另外,语言图式的不足还可以通过内容图式来加以弥补,内容图式能够促进未知信息的预测、歧义的消除和语篇的理解。根据英语语言的特征,英语的重要信息通常放在句子的开端,而将次要信息和背景知识放在句子的中部或者末尾,也就是人们常说的倒三角结构。由此可见,着重听取句子的前半部分,可以获得重要的信息,而忽略那些不重要的信息。例如:

对于中国的春节,中国人有自己独特的庆祝方式,包括举办春节联欢晚会和元宵节灯展等。美国人对于自己的节日,同样也有其独特的庆祝方式。例如,美国人通常以感恩节游行和收看大学橄榄球赛来庆祝感恩节,所以关于感恩节的背景知识就包含游行、彩车、小丑、气球、乐队、火鸡填料、水果派等。

②背景知识的激活方法。背景知识的激活方法主要有以下两种。

第一,用"说"激活。例如,如果某一个听力理解的主题是"How is the weather today?",教师就可以就"天气"这一主题提出几个问题:"What is the weather like in your hometown?" "How do we know the earth is getting warmer?" "Do you think weather and temperature can affect our mental activities?" 然后再将学生分成两人一组,进行问答活动。待学生的问答活动结束之后,教师就公布问题的参考答案。这种方法能够补充有关听力主题的信息,并且加深学生对听力材料的理解。

第二,用"看"激活。在听力过程中,如果能充分发挥视觉的作用,就能有效提高听力的效果。因此,教师可以采取多媒体教学手段,通过声音、图像、动画等生动形象的信息刺激学生的视觉,从而起到简化复杂信息的作用,也就缩短了客观事物与学生之间的距离。

(二)听写

在课堂上听力材料以正常的速度播放三遍。教师播放第一遍录音,但是不解释听力材料,并且引导学生聚焦于文章的宏观内容,如题材、体裁、篇章结构及内容大意上,而不是分析某个语言知识。所以,学生必须激活大脑中的相关图式,预测意义和情节的走向。当学生对文章的大意和基本回题有了一个大体的了解之后,教师才可以简单地讲解一下词汇知识。

教师播放第二遍录音,这个阶段就是一个分段听的过程。教师要引导学生关注语言形式,并要求学生记住关键词和句型,让他们对文章内容有进一步的正确理解。

教师播放第三遍录音,这是完整听全文的阶段。教师主要是突破文章的重难点,让学生对句意达到准确的理解,因为语篇理解是以句意理解为基础。

在听写阶段,将精听和泛听相结合来进行听力教学,从而培养学生良好的听力习惯。泛听可以被看作目标,而精听是实现目标的方法,泛听在前而精听在后。精听提高的是学生的语言基本能力,全面了解英语的语音变化和特征,熟悉常用的词语和句型。泛听旨在让学生了解更多的语言现象,提高他们的听觉反应能力,从而加强精听的效果。

(三)重写

在重写阶段,教师将学生分成若干小组,听力教学以小组的形式进行。学生以小组为单位,将每个组员的笔记放在一起,然后按照所听到的内容,在写提纲的基础上写作文。所写出的作文需要达到两个要求,一是要最大限度地再现原文信息;二是在语法正确的前提下,保证语言表达的逻辑性和连贯性。

(四)分析及纠正

在作文完成以后,教师就要组织学生对各自的作文进行讨论。在有条件的情况下,可以使用黑板或投影仪将学生写出的作文与原文进行对比,然后进行分析、改正。并且引导学生对小组成员不同的表达方式进行比较、讨论,这种方式可以促进学生语言能力的提高。

在写作文的过程中,学生能够使自己的多种语言技能得到锻炼。例如,学生可以训练自己音素及语调的区分能力,可以训练自己单词拼写的能力,可以训练自己识别词汇的语法意义和语境意义的能力,可以训练自己词汇、语法的运用能力,还可以训练自己理解口头语篇和运用语言的能力等。

通过以上几个阶段,听力教学将听、说、写有机融合起来,这不仅训练了学生的听力能力,还能提高学生的语言综合能力。因此,听力教学对于大学阶段来讲至关重要,听力教学的效果直接决定学生语言基本能力的训练效果,从而影响大学英语教学的效果和质量。

二、策略教学法

策略教学法是因为对策略指导加以补充和修改而形成的一种教学方法,这种方法主要关注的是学生"会听"的能力,也就是教师旨在指导学生如何去"听"。

要达到策略教学法的目标,教师要做到以下两点,一是要让学生深入理解语言是如何发挥其功能的,二是让学生理解自己所使用的策略,也就是让学生获得"元策略意识",并且在这个基础上教师要教学生使用更多别的策略,这些策略的使用能够促进学生听力任务的完成。

所以,从本质上说,策略指导就是听力课程中的一种紧凑的设置。这种课程的具体表现是每一个策略单元都明显地强调一个重点,并且紧密联系着一个或多个相关策略,这些策略主要包括判断语言背景、人际关系、语气、话语主题及话语意义等内容。

(一)句法策略

句法策略就是学生利用句法知识,辨认听力语言中的构成成分和表达命题。学生通过句法知识把词结合成构成成分,并把没有听到的词填进去。所以,句法知识可以起到以下提示作用。

1.句法知识起到的作用

(1)预测未听到的词语

在学生了解功能词的作用和大部分短语规则的前提下,学生能够根据听到的一个词语预测接下来的一个词语。例如,当学生听到某个限定词时,不管是a,还是some,又或者是no,就能确定这是名词短语的一个要素。一个名词短语的结构可以是限定词—形容词—名词,因此即使哪个要素没听清楚,也能根据这种知识预测所漏听的词类。并且按照上下文所提供的语境,还能预测这个词语的含义。再如,当学生听到一个介词时,不管是to,还是at,又或者是on,都能预测出这个介词是属于介词短语的一个要素。介词短语的构成方式可以是介词—名词短语,据此就能够推断漏听的词类和意义。

(2)推断漏听的词语

一定的句法知识还能帮助学生推断漏听的词语。在学生了解语法和构词法知识的前提下,如果漏听了一个词语,但是听到了后缀,学生同样能够推断出漏听的词类,并且按照语境的提示推断出词义。例如,当学生听到"…so we-ed it but… they were-ing at the stop"这个语言片段时,他们能够很轻松地推断出漏听的词属
于动词。再如,当学生听到"…a-al invitation but…they was the most-tive man he has ever seen"这个语言片段时,他们也能轻松地推断出漏听的词属于形容词。又如,当学生听到"…the-ation is completed and…your-ness won't be forgotten"这个语言片段时,同样能推断出漏听的词属于名词。

(3)词语之间的暗示

英语中的某些实词,特别是动词,能够暗示着其前后应该出现的词语。通过这些信息,学生也能顺利地推断出漏听的词语。例如,像 hit,catch 等类型的动词,其前后一般会存在一个名词短语,"We didn't hit the boy"就是英语中常见的一种句型。再如,像 give,buy 等类型动词,其后一般会存在两个名词短语,因为这类动词后面跟的是双宾语,第一个通常是有生命的人,第二个一般是无生命的事物,"Mom gave me a beautiful skirt."这种句型在英语中再常见不过了。

2. 句法策略对语言教学的启示

句法策略对语言教学的启示可以归纳如下。

(1)学生要想利用句法策略去理解别人的话语,那么他们就必须对语法规则有全面的了解,尤其是那些运用得最为广泛、最常见的语法规则。所以,教师应该要求学生了解足够多的规则句型,和运用广泛的构成成分,同时还要了解这些构成成分中的普遍要素。

(2)教师要教会学生如何辨认填充规范句子和句型的词类。如果学生学会了这一点,那么他们就能在漏听某个构成成分的情况下,依然可以根据句法知识推断出句子的意义。

(3)教师应该尽早让学生了解自然语言中的语法冗余现象。因为当学生知道了这一点,他们就能够发现并利用冗余现象所提供的暗示,推断和辨认漏听的构成成分,并尽量预测漏听部分的意义。

(4)教师在讲解陌生词语时,特别是动词,应该提醒学生注意这些习语的前后所应该存在的构成成分。

(二)语义策略

英语句子有的即使存在着句法线索,但是在交际语言中还会存在自然消失的情况,这时,听话人还必须通过语义提供的提示。因为交际原则和语境原则的作用,听话人在口语交际中可以预测对方即将要表达的语言。另外,听话人要想理解对方的话语,还应该注意交际场景的特征。储存在人类长时记忆中的知识包括语

言知识和非语言知识两方面,如语音系统、语法规则、词汇等语言知识,交际主题,交际者的背景,交际场景对话语意义的影响,交际者的文化程度等。

1. 策略教学法的程序

策略教学法应在一定的原则下进行,具体来讲,策略教学法应该遵循以下程序。

(1)要形成策略意识。教师和学生都要意识到策略指导在听力教学中的价值。

(2)在听力教学之前进行预备活动。在这一过程中要最大限度地激活学生的背景知识。

(3)紧扣听力材料。教师要让学生明白听力的目的和内容,同时重点关注哪些内容。

(4)提供指导活动。教师要针对某个特定策略,精心设计一些特定的活动,让学生将这些策略付诸实践。为了实现这个目标,教师可以自行编制听力材料而不用考虑材料的真实性。

(5)用真实材料练习。当学生将策略付诸实践,并能够意识到策略的作用和价值之后,教师可以补充足够的真实听力材料,供学生运用策略。不过,在这个阶段,不要只顾及策略的运用,而忽视了对听力材料的理解。因为听力最为关注的是听力材料的内容和意义。

(6)利用对所听内容的理解。在这个阶段,教师要引导学生通过已听内容来理解整个听力材料的意义,可以通过记笔记、抓关键词和填表格等方法。

2. 语义策略对语言教学的启示

(1)重视语境的重要性

语言既有语法意义,又有语境意义,所以语境对语言的理解非常关键。教师在进行听力教学之前,应该首先清楚地介绍语境,也就是要让学生明白听力材料的主题、交际背景以及交际者的关系、身份等。对这些语境有所了解之后,学生就能够预测交际者所要表达的语言。

(2)适当忽视漏听的部分

交际中的双方为了理解对方的话语,通常会小心地听取每一个词语。事实上,即使漏听了某些部分,有可能也不会造成多大的影响。因为这些词语可能只对意义起到辅助作用,所以交际者不用紧张。另外,对漏听的部分可以通过某些线索进行预测。在进行听力理解时,学生可能会发现在去掉听力材料中的几个词语之后,他们依然能够理解材料的意义。但是,在某些情况下,去掉一些词语会导致歧义的产生。例如:

I went fishing down the river this morning and suddenly remembered that I need to go to the bank. I knew I´d have _____ if I ran along the bank to the city centre and then _____ the bridge. But I´d forgotten that the _____ was being repaired, so I couldn´t get across there and so I reached the bank just too.

三、互动教学法

互动教学法是指在听力教学过程中，教师与学生就听力内容互相交流，在此过程中，学生既要理解所听的内容，还要做出相应的反应。在大学英语听力教学中采用互动教学法，有助于激发学生学习的兴趣，提高他们的听力理解能力，同时通过听力活动有利于学生养成积极思考的习惯。

由于听源的不同，互动教学可分为听录音时的互动和听人说话时的互动。

在听录音时，教师可以采用互动教学法。具体步骤为：在学生听录音时，教师可将听力材料进行分割，分为若干部分。每当听完一部分后，教师可采用提问的方式与学生进行互动交流，以便及时了解和掌握学生对所听内容的理解情况。在此过程中，教师起着架构学生和录音材料之间桥梁的作用，以实现学生和录音材料之间的互动。

互动教学法也可以运用于面对面的交流。说话人通过问答等方式和听话人进行交流互动，并根据听话人的反应对所讲内容及时进行解释说明或调整。换言之，即说话人与听话人进行语言意义的协商，目的是确保听话人真正明白说话人的意思。需要注意的是，在协商过程中应把握好时间，因为练习听力是活动的主要目的，因此要注意学生说话的时间不宜过长。

四、体裁教学法

近些年来，越来越多的教师和学者开始关注体裁教学法，并将其应用到大学英语听力教学中。具体来说，体裁教学法在大学英语听力教学中的运用主要分为四个步骤：体裁分析、小组讨论、独立分析以及模仿使用。

（一）体裁分析

体裁分析就是指教师对听力材料进行详细的分析，包括文化和语言两个方面的分析。由于中西文化之间有着巨大的差异，因此教师有必要对与听力材料体裁有关的社会、历史、风俗习惯等背景知识进行分析，以使学生对这些背景知识有一个全面的了解。在语言方面，教师要分析体裁的图示结构，以使学生对这类文章的过程与特点有一个整体的了解，这也是教学过程的一个重点。

(二) 小组讨论

在本环节中,教师可将学生分为若干小组,播放同一题材的材料,然后让学生在小组中讨论这些材料的结构、语言特点等。其主要目的在于增加学生的参与程度,学生只有参与到活动中来,才能积极主动地进行思考、学习,从而对语篇形成一个深入的理解。

(三) 独立分析

小组讨论结束后,教师可让学生听某一题材的一篇典型范文,然后要求学生模仿教师在第一步骤中使用的方法,即对语篇的文化和语言两方面进行分析。这一步骤改变了教师垄断课堂的局面,为学生提供了充分思考的机会。

(四) 模仿使用

学生通过自主分析掌握了材料的体裁特征后,教师可根据交际目的,选择社会公认的模式,让学生使用英语进行有效的交际,使学生在实际运用中牢牢掌握所学题材特征,学以致用。

在具体的教学过程中,教师可根据实际情况对以上步骤进行调整,以取得最佳的教学效果。

实践证明,在大学英语听力教学过程中运用体裁教学法,通过对文章体裁的分析——语境、文化背景、结构和语言特点的分析,掌握相对稳定、可借鉴的模式,全面地理解文章,可有效提高学生的听力水平。此外,从长远来看,体裁教学法还能开发学生的创造性思维。

五、听说读写结合教学法

英语教学主要包括四个方面,即听、说、读、写,这四项语言技能的教学既具有其独立性,又有其依存性,大多情况下是互相结合,同时进行的。听力教学不可能脱离其他语言技能的教学,同时其他技能的培养也有助于听力教学的开展。因此,教师可以采用听、说、读、写结合的方法展开听力教学,将听力训练与其他能力的训练紧密结合起来,实现共同发展。

(一) 听说结合

英语教学注重学生语言交际能力的培养,这就要求听力教学不能让学生"只听不说",因为交际活动本身是由听和说两个方面构成,两者缺一不可。因此,在大学英语听力教学中,教师要让学生积极参与到教学实践当中,提高学习的主动性,学生只有在听懂的基础上才能用口头语言表达出来。听力练习的过程也是口语熟悉的过程,而口语训练的过程也是听力锻炼的过程,因而二者是相互促进的关系例如,在听力练习中,学生可以通过讲话者的语音和语调来推测讲者想要表达的内容,这就涉及口语教学的内容。对此,教师应充分利用课内课外的机会,鼓励学生开口表达自己的观点,同时揣摩不同语调所传达的不同情感,这样有助于学生听力水平的提高。

(二) 视听结合

随着英语教学手段的不断更新,多媒体教学已经成为英语听力教学的有效工具之一。因此,教师也应做到与时俱进,充分利用先进的教学手段服务于英语教学。当然,在课堂中听老师和同学讲,听英语磁带也是学生练习听力的有效途径。除此之外,教师在课内可以让学生多看一些音像视频材料,一方面,由于视觉形象思维与逻辑思维相互作用,可以大大减少心译活动,对学生迅速准确地理解听力材料十分有利;另一方面,视听结合的教学手段可以增加课堂的趣味性,激发学生学习的兴趣,达到最佳的教学效果。

此外,教师还可以鼓励学生在课外多看英语电视节目、电脑学习光盘以及网上视频英语等,使学生通过视听结合的方式更为有效地习得语言技能。

(三) 听读结合

听读结合教学要求学生在听文章的同时将其朗读出来,这样的形式不仅可以锻炼其语感,同时还可将单词的读音、拼写以及含义有机统一起来,从而减少学生在听力过程中对单词的判断误差。听读结合不仅可以让学生模仿到纯正的语音、语调,还可以纠正学生的错误发音。长期坚持边听边读有助于学生对文本有一个深刻的理解,进而提高对语言的反应速度。随着听力输入量的增大,词汇复现率也会增加,学生对常用词语也会更加熟悉,以后再次遇到这些词语时,就能迅速做出反应,准确理解所听到的内容。

(四) 听写结合

听写练习是听写结合的主要形式。听写练习,即学生在听到一句话后,在规定的有限时间内将其记录下来,这不仅要求学生在听的过程中保持注意力的高度集中,还要求学生对语言有一定的敏感性。有时,听懂并不一定能够写对,学生只有同时具备扎实的听力和书写功底才能保证听写的正确性,也只有这样,听写结合的练习才能真正意义上提高学生的综合英语水平。但是,这种训练难度较高,可以先从听一些基本词语和简单句型开始,随着学生听力水平的提高逐步进入听写课文以及与课文难度相当的材料。

第七章　中外文化视角下大学英语口语教学的探索

　　口语是人类交流信息和表达思想的方式之一。随着全球经济一体化进程的加快,国与国之间的跨文化交际日益频繁,运用英语进行口头交流的机会越来越多。然而,目前我国的大学英语口语教学依然存在一些问题,学生的英语口语表达能力有待提高。在跨文化交际背景下,研究大学英语口语教学转型,探索大学英语口语教学的方法意义重大。本章就来研究多文化交融背景下大学英语口语教学的转型,内容涉及大学英语口语教学概述、文化差异与大学英语口语教学以及大学英语口语教学的方法。

第一节　大学英语口语教学概述

一、学习英语口语的重要性

学习英语口语的重要性主要包括以下几个方面。

(1)当今社会对英语人才需求增多,相应地,学习英语口语也越发重要。随着世界经济的全球化以及我国改革开放步伐的加快,我国与其他国家之间的往来越来越频繁,作为世界性通用语言的英语,其重要性不言而喻。因此,社会对熟练运用英语的人才的需求也日益增多。这就要求学生学习英语时除了要会读、会写,更重要的是要会听、会说,真正做到在交际中运用英语进行交流。

(2)学习英语口语对学生英语综合能力的提升具有促进意义。首先,学习英语口语可以促进学生写作能力的提高。写作属于书面语言表情达意,二者是相通的,也是互相促进的。学生可以在英语课堂上进行口头作文,然后在课外时间完成作文的写作。此外,学习英语口语对学生提高阅读能力、发展口头语言能力也十分有帮助。口语训练对学生的阅读理解具有促进作用,原因在于在阅读的过程中,学生既要使用英语阅读理解的方法,又要借助口语对所学的句子与语法规则加以实践。

(3)现行考试制度强调对英语能力的考查,要求重视英语口语学习。我国的公共外语等级考试逐渐重视考核学生的英语运用能力;雅思、托福考试,为了测试出国人员是否具备生存的基本能力,也注重对口语的考查。因此,学习英语口语显得尤为重要,且应以英语运用能力的提升为主要目的。

二、大学英语口语教学的现状

就目前来讲,英语教学在我国已引起广大专家和学者的关注,英语教学改革也取得了一定的进展,但是大学英语口语教学的现状仍不容乐观,大学英语口语教学依然面临一些问题。下面就这些问题进行分析。

(一)教师指导方法不科学

目前,有相当多的英语教师在指导学生的口语表达过程中,在指导方法上存在一些问题,具体如下。

(1)对学生的错误进行逐字逐句的纠正,容易使学生形成依赖,不利于学生学习积极性的培养。

(2)很多教师没有对口语话题提供足够的语言支持,如给学生提供一些必要的词汇、重要句型等。

(3)在口语话题方面,没有做出适当的解释,很少对话题进行拓展,导致学生不能透彻地理解话题,自然很难进行有意义的互动。

(4)在对学生口语使用策略进行指导时,没有做到以学生为中心,如如何根据说话者的意图、语言功能、语境等对口语内容与方式进行组织。

(二)学生口语水平低

长期以来,中国学生在口语方面普遍表现欠佳,主要有以下几点体现。

(1)在口语表达过程中,很多学生都表现得很自卑,担心自己出错而被批判或嘲笑,因此即使一些口语能力没那么差的学生也往往不愿开口讲英语,这非常不利于口语水平的提高。

(2)很多学生没有掌握话题展开的技巧,同时练习也不够多,因此通常难以将所学词汇与语法知识运用于口语表达中,导致不知道如何去说或无话可说。

(3)中国学生的口语表达因受汉语影响而经常出现各种各样的问题。例如,有的学生发音不准确,不能正确地表达语义;有些学生不能正确使用语调或重音,导致口语表达不标准;有的学生带有很重的地方口音等。

(4)对英汉语言思维与中西文化差异不重视。口语交流的顺利进行建立在交流双方背后的不同语言思维方式与文化的理解与认可上。中西文化虽然存在一些共性,但更多的是差异,文化差异使英汉两种语言在表达形式、思维方式、内部系统和语用条件等方面都不同。因此,在英语学习过程中,学生除了要学习英语语言体系,注意基本技能的培养,还不能忽视文化差异对口语交际能力所带来的影响。但是,现在很多大学生通常没有意识到其重要性,在口语交际中往往会沿用汉语的表达方式,虽然表面听起来流利通顺,但是听者却难以理解,从而给交际带来障碍。

(三)教学与学习方法单一

培养学生使用英语口语进行交际的能力是大学英语口语教学的主要目标,这一目标的实现需要教师与学生的共同努力。但是在实际的教学与学习过程中,教师的教学与学生的学习方法都比较单一,这不利于学生口语交际能力的提高。

很多英语教师在大学英语口语课堂上采用传统的"讲解—练习—运用"的教学方法,这不利于激发学生开口讲英语的积极性。

在口语学习过程中,学生由于习惯了上课记笔记、下课做练习的学习模式,通常处于被动接受地位。在课堂上,学生很少主动参与教学活动,很少提问,不敢开口,只是机械地进行替换、造句等练习,这不利于学生口语表达能力的提高。

(四)课时严重不足

学生英语口语能力的提高并非一朝一夕的事情,而需要长时间的不断练习,这就要求教师将更多的时间与精力投入口语教学中。但是就目前而言,我国高校教学中分配给口语教学的时间往往十分有限。例如,高校使用的《新编实用英语综合教程》主要包括听、说、读、写、译五项内容。每个班级如果按照45人计算,学生的英语水平参差不齐,这样的话,即使口语课有2个小时,每一位学生接受的口语训练也非常有限。课时不足对大学英语口语教学以及学生口语水平的提高都不利。

(五)缺乏配套教材

目前,我国适用于非英语专业的大学英语口语教材非常少。很多院校所使用的英语教材大多都是将口语训练附在听力训练的后面,作为听力训练的补充,有些甚至没有口语训练。那些处于附属地位的口语练习通常缺乏系统性,内容简短,缺少相关的指导与参考答案,难以保证实用性。

此外,市面上现有的口语教材有的太简单,仅仅涉及一些简单的日常用语,有的口语教材难度过高,通常涉及一些专业领域,与大学英语教材的难度不吻合,因此这些教材在辅助学生口语练习时的效果并不理想。

(六)教师自身水平有限

教学模式与教学方法只有通过教学才能落实完整,因此优秀的教师团队是大学英语素质教育的关键因素。

目前,很多高校的英语教师自身的基本功不够扎实,听、说、读、写、译等方面的能力有待提高。一名优秀的英语教师应做到语音标准、吐字清晰、语调准确、口语流利通顺、板书整洁规范、语法概念熟练。

此外,教师的英汉对比转换能力欠缺。英语教师应精通英汉两种语言,熟悉中西文化,提高自身的语言水平。

第二节 文化差异与大学英语口语教学

一、词汇方面

英汉两种语言中既有核心词汇,还有一些含有特定文化信息的词汇,即文化内涵词。英语教师应注重向学生讲授相关文化内涵词,使学生在日常口语交际中正确地加以运用。学生如果不了解文化内涵词的意义,就可能会影响表达的效果。例如,汉语中的"黄色"通常让人联想起淫秽,英语中的 yellow book 则指美国人用黄色的纸印刷的电话簿,学生如果不了解这一文化差异,就容易将 yellow book 理解为"黄色书刊",从而导致交际障碍。

除此之外,英语用词的褒贬色彩也会对英语口语教学产生影响。例如,当你对一位来自非洲的客人说:"You blackamoors are different from black Americans in some ways."对方听了会很不开心,这是因为在英语中 blackamoor 含有贬义,意思等同于汉语中的"非洲黑鬼",因此可改为 black Africans。

二、语篇模式方面

英汉两种语言在语篇模式上存在很大的差异,英语语篇模式通常是直线型思维,直截了当,先提出主张,然后加以具体说明;汉语语言则大多为螺旋式思维,委婉曲折,先给出理由,然后再提出主张。例如:

①(首句)Soccer is a very difficult sport. ②A player must be able to run steadily without rest. ③Sometimes a player must hit the ball with his head. ④Player must be willing to bang into and be banged into others. ⑤They must put up with aching feet and some muscles.

足球运动员必须能不停奔跑,有时候得用头顶球,撞别人或被别人撞,必须忍受双脚和肌肉的疼痛,所以说,足球运动是一项难度很大的运动。

在本例中,英语原文中的第①句为主题句,第②、③、④、⑤句则是对主题句做出的具体分析。而汉语译文则是先给出理由,然后提出主张,表达十分委婉。

英汉语篇模式的不同要求教师在英语口语教学中引导学生对英汉语篇各自的特点与差异进行学习,这样才能在英语口语交际中采用正确的方式进行谈话。如果不了解英汉语篇模式,学生就容易照搬汉语的语篇模式,从而影响交际的顺利开展。

三、认知理解方面

英汉两种语言不同,语言背后的文化也不尽相同,因此难免会产生语言习惯与认知理解上的差异。中国人所熟悉并习以为常的,可能会是西方人所反感的,反之亦然。例如,在很多中国人看来,"黑"皮肤是不美的,因此他们不喜欢黑皮肤,汉语中有"一白遮九丑"的说法。与之不同,西方人却认为黑皮肤是健康的象征,如果西方人说"You've got suntanned."(你已经被晒黑了),其实是一种赞美,并非汉语中的变丑了。

由此可见,英语教师在教学中应引导学生学习中西方在认知理解上的特点,了解二者的差异,使学生根据不同的场合选用恰当、得体的英语来进行交流。在实际的口语交际过程中,即使学生使用的句子符合语法规则,发音准确,但是生硬、不得体同样会阻碍交际的顺利进行。

第三节　中外文化视角下大学英语口语教学的方法

一、文化导入法

在跨文化背景下,大学英语口语教学应将文化和口语教学结合起来,利用文化导入的方法来教授英语口语。下面重点分析大学英语口语教学中文化导入的内容以及文化导入的方式。

(一)文化导入的内容

在大学英语口语教学中,教师要从词语文化和话语文化两个方面进行文化导入。

(1)词语文化的导入内容主要包括:习语、词语在文化含义上的不等值性,字面意义相同的词语在文化上的不同含义,以及民族文化中特有的事物与概念在词汇语义上的呈现。

(2)话语文化的导入内容主要包括:话题的选择、语码的选择、话语的组织。

通过上述两个方面的文化导入,使学生更好地理解文化对语言的影响和制约作用,提高学习效果。

(二)文化导入的方式

文化导入的方式多种多样,下面就来介绍一些常用的文化导入方式。

1. 利用教材导入

这是一种最自然、也最直接的文化导入方式。具体来说,在大学英语口语教学过程中,教师可在教学目标的指导下,结合教材向学生提供一些相关的文化知识,扩大学生的视野和对文化的理解与认识。

2. 利用对比分析导入

在口语教学过程中,还可以通过对主体文化与客体文化进行对比分析来导入文化。教师可以首先给学生布置课前任务,让学生查阅相关的文化资料,为课堂学习做准备。在课堂上,教师要求学生逐一进行讲解,如有需要,教师应加以补充。这不仅有利于调动学生学习英语的积极性,同时还有利于培养学生的自主学习能力。

3. 利用多媒体导入

中国学生的英语学习缺乏大的英语环境,这不利于学习效率的提高。由于缺乏英语环境,学生不能全面地感受英语与英语文化。鉴于此,教师可以利用多媒体进行口语教学,营造英语情境,使学生置身于真实的情境中来感受英语与英语文化,促进学生的互动、交流,调动学生学习英语的积极性。

4. 通过引导学生积累日常交际用语导入

可以说,交际功能是语言最本质和最重要的功能。日常交际用语是最能体现文化差异的地方,主要体现在打招呼、称呼、介绍、致谢、打电话等方面(郭冰,2012)。

英语教师在教学过程中应注重引导学生不断积累英语的日常交际用语知识,并运用于交际中。例如,在打招呼方面,中国人常以"去哪儿啊?"的方式来打招呼,但是西方人则可能无法接受这种打招呼的方式,他们会觉得这是窥视他人隐私的问题。学生只有了解这一差异,才能保证交际的得体性,避免交际失误的发生。

二、情境教学法

情境教学法是指在教学过程中,教师有目的地引入或创设具有一定情绪色彩的、以形象为主体的、生动具体的场景,以引起学生一定的态度体验,从而帮助学生理解教材,并使学生的心理机能得到发展的教学方法。

情境教学法的形式有很多种,如配音、角色扮演、课内游戏、诗歌朗诵、音乐欣赏、旅游观光等。其中,最常用的是角色扮演和配音。下面就重点介绍这两种教学形式。

(一)角色扮演

角色扮演是情境教学最为主要的教学手段。与机械、单调重复的口语练习不同,角色扮演给学生提供了接触各种社会交际场景的机会,学生以各种各样的社会身份来练习交际,这不仅激发了学生的学习兴趣,还为交流的有效进行打下了基础。

在实际的教学过程中,教师让学生自己进行角色分工,在学生排练过程中,教师可以提供必要的指导与帮助,排练完成之后,让学生进行表演。在学生表演完之后,可以先让学生对自己的表演进行总结,最后教师对表演进行评价。

例如,教师可创设以下情景:

Mary Brown left teaching fifteen years ago in order to devote her time to her family. Now her daughter is old enough to look after herself, and Mary seems to have much more time on her hands, so she is thinking of going back to teaching. She wants to discuss this with her family in order to find out their views and seek their advice.

角色:

Mary Brown: You are interested in your family's attitudes towards your going back to teaching, and you do not want to do anything against their wishes. Decide what to do.

Michael Brown: You are Mary's husband. You think it is a good idea for her to go back to work. Try to convince her to go back and try not to let your father advise her not to.

Mr. Brown Senior: You are Mary's father-in-law. You are not very well, and it is your daughter who has helped you along. You are seriously worried if she goes back to work. Try to find ways to persuade her not to go back to work, without sounding selfish. Try to remind her about the stress of teaching and the importance of her place in the home.

(二)配音

这一教学形式操作比较容易,其实施过程如下。

(1)教师节选一部电影片段,先将原声对白播放一遍。

(2)教师讲解其中的语言难点。

(3)教师安排学生重新听两遍原声,同时要求学生尽可能会背诵。

(4)教师将电影调至无声状态,同时让学生对电影中的角色加以模仿,为电影配音。

采用配音的方式展开教学可以帮助学生产生学习动机,缓解学生说英语时的焦虑感,提高学生的自信,同时学生可以学习到纯正的英语口语,并掌握针对不同情境变换语音语调的技巧。

总之,在大学英语口语课堂上,教师应尽可能为学生营造各种真实的语言情境,使语言与情境紧密结合,从而使得抽象的语言教学形象化、具体化、情境化,这既能调动学生学习的积极性与主动性,又能促进学生掌握运用英语进行交际的能力。需要注意的是,教师在为学生创设情境时,一方面要保证情境主题的真实性,另一方面还应确保所选择的情境与教学目标相一致。

三、任务型教学法

大学英语口语教学还可以采用任务型教学法,其具体操作步骤包括呈现任务、实施任务、汇报任务、评价任务。

(一)呈现任务

在呈现任务阶段,教师应重点帮助学生进行语言与知识方面的准备工作。在呈现任务的过程中,教师可以以学生的实际生活与学习情况为依据,创设相关的情境,调动学生学习英语的动力。

另外,教师还要为学生提供与话题有关的环境及思维的方向,以加强新旧知识之间的连接,使学生在巩固旧知识的同时也掌握了新知识。需要注意的是,呈现任务时要遵循先输入、后输出的原则。

(二)实施任务

实施任务在整个教学过程中是极为重要的一个阶段。在接到任务之后,学生可以采取诸如小组自由组合、结对子等方式来实施任务。小组自由组合或结对子的方式不仅可以为每个学生的口语表达提供练习机会,还有助于培养学生合作互助的意识,增强学习效果。此外,实施任务时也可以通过由教师设计多个小任务构成任务链的方式进行。这一阶段教师的主要任务是对学生的活动加以监控与指导,确保活动顺利进行。

(三)汇报任务

在学生完成任务之后,教师可以要求学生以小组派代表或小组内部推选代表的方式来汇报任务成果。

当学生汇报任务时,教师应注意不要打断学生的表达,在学生需要帮助的时候适当给予指导,尽量使学生的汇报自然、流畅、准确。

(四)评价任务

在任务汇报结束后,教师和学生一起对任务进行评价,分别指出各个小组的优点和不足。评价时应注意对学生的活动情况尽量持肯定态度,以鼓励、表扬为主,以增强学生的成就感,从而提高学生的自信心。当然,如果学生在表达中出现比较严重的、影响交际的错误时,教师也应及时指出和纠正,正确引导学生。

总体来说,在大学英语口语教学中采用任务型教学法可以有效调动学生的积极性,增强学生的合作竞争意识,提高学生的口语水平。

四、互动教学法

互动教学法具有显著的特点:强调学生的主体性,教学组织方式多样,能够有效利用课堂时间向学生传授语言知识。在大学英语口语教学中,如果互动式教学法运用恰当,就能有效激发学生的兴趣,打破"哑巴英语"的现象,帮助提高学生的口语表达水平,从而提高教学效率。

具体而言,互动教学法在大学英语口语课堂教学中的操作包含以下三个阶段的活动:课前、课中、课后。

(一)课前

课前充分而周密的备课是教师的必要工作,尤其是与客体有关的口语会话材料的准备十分必要。这些材料应分给学生每人一份,做口语练习会用到的词汇、短语也为学生准备一份。这样,语言材料可以丰富学生的口语表达,帮助学生积累表达素材,避免学生处于被动状态。

(二)课中

在英语口语课堂教学中,教师可将本课的会话情境介绍给学生,然后让学生独立思考并联想与该情境相关的词汇、短语。然后,教师将可能用到的词汇和短语呈现在黑板或者PPT上,选出一个词语让学生判断和解释其意思。当该学生解释完毕后,教师可让其他学生对已给出的信息进行扩展。在解释和扩展的过程中,学生的英语口语表达能力得到了培养与提高。

（三）课后

课堂教学完毕后，教师可给学生布置一些特定的话题或情境，让学生在课后进行口语练习。需要注意的是，教师所布置的话题或情境要与课堂内容相关，以使学生课堂上学到的表达得到巩固。在下节课教授新内容之前，教师可花一些时间检查学生的课外练习情况。这样不仅可以为学生提供表现的机会，调动学生学习的积极性与主动性，还可以通过反复的巩固、使用促进学生口语水平的提高。

五、基于交际策略的教学法

根据 Poulisse 的观点，交际策略是指"当某语言使用者在话语计划阶段由于自身语言方面的不足而无法表达其想要表达思想时所采取的策略"。在交际过程中，为克服因语言能力不足而导致交际困难，交际者使用语言或非语言手段的能力即为交际策略能力。

口语交际活动往往不可预测，因此交际过程中遇到尴尬局面是难免的，这就要求交际者具备一定的交际策略能力，以便在需要时借助交际策略来解决遇到的困难，促使交际顺利进行。策略能力包括两个方面：一是发生困难时使对方理解自己讲话内容的能力，这一能力被称为"补偿能力"（compensation）；二是在发生理解困难时获取意义的能力，这一能力被称为"协商能力"（negotiation competence）。

补偿能力主要包括如下几个方面。

（1）使用会话填补词。在交际过程中，有时交际者可能会一时想不出要使用的语言，这时可适当运用一些填补词，如"and you see…""Er, that's a very interesting question…""Well…, let me think…"等，一边说一边思考，控制说话节奏，确保讲话连贯。

（2）使用同义词或类别词。在交际过程中，如果交际者缺乏关于某一话题的词汇，可采用自己熟悉的同义词来代替，如用 dark 来代替 gloomy。

（3）使用肢体语言。在交际过程中，交际者也可适当借助肢体语言来表达自己的观点与看法，保证交际顺利进行。

协商能力包括澄清信号。在交际过程中，如果听话人没有完全理解讲话人的语言，或没能听清讲话人的意思，这时听话人可请求重复，或直接要求讲话人加以解释，如"Pardon?""What do you mean by saying…?""What does…mean?"等。通过运用这一交际策略，交际者可将自己的意思清晰地传达出来，使交际渠道畅通，从而使交际顺利开展。

在大学英语口语教学过程中，教师应注意向学生介绍一些交际策略，使学生了解语言规则和交际规则,提高英语口语交际能力,在交际过程中更好地让自己的讲话内容被对方所理解,并更好地理解对方的语言,提高和改善跨文化交际效果。

六、启发诱导法

教师在平时教学中可以根据学生已有的文化知识,稍微对其予以点拨与启示,从而引导学生发现未知的文化知识,同时还可以激发学生学习文化的思维。正如任何学习过程教师都必须使学生发挥学习的主动性一样,文化因素的教学也应如此。例如,随着社会的发展出现的 blue-color(蓝领),white-color(白领),gold-color(金领),教师在教授的时候要根据学生以往具有的此方面的知识对其进行启发,使学生可以把这些词汇关联起来进行思考与记忆。

除此之外,教师在上课之前可以预先给学生布置任务,学生提前在网上查阅相关的文化知识,课堂上教师再进行讲解,这样可以让学生多了解英美文化知识,增强其对文化的敏感性,培养其跨文化的意识。

七、交流学习法

大学生在学习的时候应该充分利用其特点。首先,大学生可能有一些跨文化交际的经历,所以应该更多地组织他们进行小组讨论,让他们相互交流跨文化交际的经验,这样可以取得更好的教学效果。其次,大学生通过互相交流经验,可以互相分享解决交际中出现的困难的方法,总结出适合他们这一人群的交际策略。这些实际的经验交流对于提高大学生的口语水平有显著效果,同时跨文化交流中涉及的文化因素在交流过程中也可以互相加强彼此的记忆,从而更好地避免大学生在实际交往过程中出现因文化因素引起的交际失误。

第八章　中外文化视角下大学英语阅读教学的探索

　　语言是文化的重要载体,阅读材料往往包含着丰富的文化信息。因此,要想准确理解和把握所读材料,必须对所读英语材料涉及的文化有所了解。从这个意义上讲,在大学英语阅读教学中逐步导入文化因素就具有十分重要的意义。本章就来探讨与此相关的内容,首先对大学英语阅读教学进行概述,接着分析文化差异与大学英语阅读教学的关系,最后阐述中外文化视角下大学英语阅读教学的方法。

第一节　大学英语阅读教学概述

一、英语阅读教学的重要性

　　在当今经济全球化的时代背景下,国际间的交流与合作逐步向纵深发展。英语是重要的国际性语言之一,其在国际事务中所发挥的桥梁与纽带作用也愈加明显。在这样的时代背景下,英语的综合运用能力,尤其是作为重要信息输入手段的阅读能力已成为一项必备的技能。相应地,阅读教学在整个英语教学体系中的地位也日益突出。概括来说,阅读教学的重要性主要体现在以下几个方面。

(一)有助于扩大词汇量

　　著名语言学家威尔金斯(George W. Wilkins)在《语言教学中的语言学》(1972)中曾指出:"没有语音和语法,人们不能表达很多东西,而没有词汇,人们则无法表达任何东西"。词汇是语言的基本组成部分,没有一定的词汇量,阅读就会成为一句空话。

　　在英语学习的过程中,记单词、掌握单词的多重含义与用法是一个无法逾越的环节。事实证明,通过阅读来记忆单词可达到事半功倍的效果。具体来说,这种方法巧妙利用了阅读材料中提供的具体语境,学生在记忆单词的同时也对该单词的使用方法、相关搭配、语用含义等有了较深刻的理解。此外,随着阅读材料的不断积累,学生对单词的印象会随着多次的重复而不断得到强化。

(二)有助于培养语感

语言不同于数学公式,很多表达方式常常是根据具体语境的需要而发生变化的,而不可能用某一固定标准进行硬性规定。因此,语感的强弱对于英语学习至关重要。

所谓语感,就是对语言的感觉,是对语言的表达方式进行快速理解与判断的能力。要想在短时间内判断语言表达是否规范、地道,就离不开语感。但是要想获得语感,就必须与语言进行长期、大量的接触并进行持久的思维训练。其中,阅读可以使阅读者在不知不觉中体会不同表达方式的感情色彩,感受不同修辞手法的实际效果。与此同时,学生也熟悉了规范的语言表达方式。值得一提的是,学生在阅读过程中不仅提升了语感,而且学生所感受到的压力几乎为零,从而可以有效地调动学生参与阅读的积极性,为持久的英语学习奠定基础。

(三)有助于英语能力的全面提升

除阅读之外,听、说、写等也是英语技能的重要组成部分。阅读不仅仅有利于阅读能力的提升,还对其他技能的提升发挥着积极的促进作用。

1. 阅读对听的作用

阅读对听的促进作用主要表现在以下三个方面。

(1)听力是通过耳朵来获取信息的过程,是一种在短时间内完成的思维活动,阅读可以通过语感的培养来为这种思维活动打下扎实的基础。

(2)阅读能为听力进行文化背景知识的储备,提高听力理解过程中的归纳、总结、分析、推理等能力。

(3)阅读可以为听力提供相关的词汇、短语、句型等知识,提高听力理解的速度与质量。

2. 阅读对说的作用

说是通过语音、语调来表达信息的活动,是一种输出信息的方式。在这一过程中,规范的语音、语调对说的质量有决定性的影响。

规范的语音、语调必须依靠大量练习才能获得。朗读训练是阅读活动的重要组成部分,有利于学生在潜移默化中学会连读、失爆、弱化等语音技巧,从而养成良好的语音语调习惯,提升说的能力。

3. 阅读对写的作用

写作是文字信息的输出,阅读是文字信息的输入,这两种能力相辅相成、互相促进。具体来说,通过阅读英语文章,学生可体会作者在安排写作素材时的技巧,可从遣词造句、布局谋篇等层次来感受作者的写作手法，并从整体上理解一篇好文章是如何写出来的。从这个角度来说，阅读本身就是学习写作的过程，阅读能力的提升必然带动写作能力的提升。

综上所述，阅读在英语学习的过程中发挥着不可替代的作用，应引起足够的重视。

二、大学英语阅读教学的现状

(一)课程设置欠妥

在很多教师看来，阅读教学是英语教学的附属品，因此在设计阅读课程教学的目标与计划时不甚在意，这就导致阅读教学的课时、课程设计、师资力量以及教学组织得不到保证，并最终为阅读教学的实际效果造成障碍。

此外，精读与泛读课程之间"厚此薄彼"的现象也比较明显。具体来说，很多高校从大一到大四都安排给精读很多课时，而泛读则几乎没有。这种现象使教师、学生普遍将阅读等同于词汇与语法知识的积累，而由泛读培养起来的阅读技巧则得不到任何发展，这就使阅读教学偏离了正确的轨道。

(二)教学方法落后

就目前的情况来看，大学英语阅读教学普遍采取传统的"教师教、学生学"的模式。具体来说，教师在课堂上一味地讲解生词、逐句逐段分析语篇，只管使劲地讲，满黑板地写。学生则被动地模仿、记忆和进行古板的、孤立的、教条式的句型操练和单句翻译，并拼命地记笔记。在这种教学模式下，学生的阅读习惯、阅读技巧等均得不到培养，阅读兴趣难以被激发出来，其主体地位也得不到突出，不少学生听课时心不在焉甚至打瞌睡，很难积极主动地参与到课堂教学活动中去，费时低效现象严重。

教学方法落后的另一表现是教师忽视了对学生进行阅读技能的训练，而对所有语言点不分主次、平均用力。这种方法忽视了对整体篇章意义的理解，"只见树木不见森林"，把完整流畅的语言肢解为片段教学，导致很多学生在认识全部单词的情况下仍然无法理解文章的意思。

因此，教师一方面要对文章重要信息进行必要的解释，另一方面应培养学生在词汇猜测、结构梳理、内容预测等方面的能力，以此来启发学生在阅读中进行积极的思维活动。

(三)教学观念有误

许多教师对阅读教学在英语教学中的作用存在不正确的认识，主要表现在以下两个方面。

(1)将阅读速度等同于阅读能力。有些教师错误地认为,阅读速度的提升就意味着阅读能力的提高,并据此来开展教学活动。但从教学实践来看,有些学生阅读得很慢,理解并不够深刻;有些学生阅读得虽快,但也理解不佳;有些同学如果放慢阅读速度,则理解会更加深刻;有些学生虽然读得快,但理解也很到位。可见,阅读速度与阅读能力并没有必然关系。因此,教师应根据阅读材料的题材、要求、目的来灵活掌握阅读速度。

(2)将阅读教学等同于词汇教学、语法教学。传统的英语阅读教学理论将词汇、语法和语言知识看作阅读教学的重点,因此许多教师把大部分课堂时间用于阅读材料的细节性解释,常常抓住一个单词、语法点就大讲特讲,这种过分重视语言知识的观念使阅读教学呈现出"讲解生词—逐句逐段分析—对答案"的定式。

第二节 文化差异与大学英语阅读教学

一、影响阅读的文化差异

阅读的涉及面非常广泛,因此阅读并不仅仅是一项简单的译码工作,它对阅读者的综合语言技能提出了很高的要求。通过长期的英语阅读教学实践不难发现,学生的阅读活动往往受到诸多因素的影响,而文化差异就是其中比较重要的一个因素。具体来说,学生如果只理解文章的字面意义,他们就只能理解其表层含义,若想深化对文章的理解,还必须试图获取阅读材料所蕴含的社会文化意义,如伦理观念、价值观念、思维方式、道德观念等。

概括来说,影响阅读的文化差异主要表现在词汇文化内涵、句子文化内涵与篇章结构三个方面。

(一)词汇文化内涵差异

语言是文化的载体,而词汇是语言的最小组成单位,因此要想切实提高阅读的质量,就必须对词汇的含义进行准确把握。但是,英汉两种语言都具有丰富的词汇,且这些词汇的含义并不是一一对应的,有些词汇还具有丰富的文化内涵。在这种情况下,如果缺乏相关的文化背景知识,在遇到这些英国文化中特有的事物、历史背景、典故或专门术语等时就很难理解。例如:

South African leopard-spot policy came under fierce black fire…

南非实行的"豹斑"式的种族隔离政策受到了黑人的猛烈抨击……

本例中的 leopard-spot(豹斑)出现于 20 世纪 60 年代中期。当时正值越南战争,美国军事地图在标记越南人民武装建立的小块根据地时,使用了"豹斑"状异色标示区,leopard-spot 一词由此产生。就目前的情况来看,这个词已从一个军事用语转换为政治术语,指白人种族主义者把黑人强行驱入若干小块地区居住的种族隔离政策。如果不了解 leopard-spot 一词的渊源与含义,则很难理解本例的字面意义与非字面意义。

此外,中国学生在阅读过程中还常常受到一些习语、典故的困扰。所谓习语,就是习惯使用而形成的固定语言形式,是指人们通过对社会现象和生活经验的总结而形成的,经久流传下来的固定表达形式(李建军,2004)。凡在口头语和书面语中引用的古代故事、历史人物、历史事件和有历史出处的词语等,都属于典故的范畴(白靖宇,2010)。习语与典故具有形式活泼、言简意赅、寓意丰富的特点,很难从字面意思进行理解,因此极易导致阅读中的误解。例如:

Nay, then I see that Edward needs must down
Yet, Warwick in despite of all mischance
Of thee thyself, and all the complices,
Edward will always bear himself as King.
Though fortune's malice overthrow my state
My mind exceeds the compass of her wheel.

(William Shakespeare: *King Henry the Sixth*)

我看爱德华果真是垮台了,
但是,华列克,不论我的处境如何恶劣,
对于你和你的党羽们,
我要永远保持君王气概。
即使厄运推翻我的政权,
我的思想决不受命运的约束。

(莎士比亚《亨利六世》)

本例中,(the)wheel of fortune(命运之轮)这一典故出自古罗马传说。命运之神福尔图娜(Fortiuna)拥有一个神秘的金轮,通过金轮旋转后停止的方向便可预测一个人的运气。所以,借这一典故来喻指命运的变化。

可见,只有理解英语词汇的文化背景才能够把思维活动真正地融入英语语言之中,进而提高阅读效率与质量。

(二)句子文化内涵差异

除受到英汉词汇文化内涵差异的影响之外,阅读活动还受到英汉句子文化内涵差异的干扰。尽管句子由词汇组成,但句子所表达的意义绝对不是其构成词汇的含义的简单堆砌,还常常受到上下文、文化背景的影响。例如:

Mathematics is the base of all other sciences, and arithmetic, the science of numbers, is the base of mathematics.

数学是所有其他科学的基础,而算术,即数的科学,则是数学的基础。

The lath should be set on a firm base.

车床应安装在坚实的底座上。

A transistor has three electrodes, the emitter, the base and the collector.

晶体管有三个电极,即发射极、基极和集电极。

上述几个句子都含有 base 一词,但由于受到上下文的影响,base 在三个句子中的含义分别为"底边""底座"和"基极"。再如:

Mary is a professional.

John is a professional.

从字面意思来分析,玛丽与约翰都从事某种职业,但由于性别差异,第一个句子的真实含义是"玛丽是个以卖淫为生的娼妓",而第二个句子则表示"约翰是个职业拳击手"。不难发现,如果不对句子的语境进行深入分析,对句子的理解将出现方向性的错误。

(三)篇章结构差异

由于思维方式、价值观念等方面的差异,英汉篇章结构也存在明显的不同,主要体现在以下两个方面。

1. 演绎型与归纳型

斯科隆(Scollon,1991)、泰勒和戴维斯(Tyler and Davies,1990)等学者认为,北美的语篇模式常在开头就亮明作者的态度和观点,然后再用事实加以验证说明,即演绎型。相比较而言,亚洲的语篇模式往往先阐述具体的事实与理由,然后再逐步引出结论(转引自蔡基刚,2008)。因此,英语文章倾向于演绎型,观点常在开头位置;汉语文章倾向于归纳型,观点常位于结尾。

2. 作者负责型与读者负责型

在海因兹(Hinds,1987)和斯科隆(2000)看来,作者负责型(a writer-responsible pattern)与读者负责型(a reader-responsible pattern)也是英汉语篇的重要区别之一(转引自蔡基刚,2008)。具体来说,在作者负责型的语篇中,用一个句子将文章要表达的主要观点和中心思想清晰地告知读者是作者的责任;在读者负责型的

语篇中,作者可按照自己的写作习惯来进行表述,既可以直截了当,也可以委婉含蓄,而是否能够理解则完全是读者的责任。例如:

Our Changing Lifestyle:Trends and Fads

  These days lifestyles seem to change fast. It is more than just clothing and hair-style that are in style one year and out of date the next;it's a whole way of living. One year people wear sunglasses on top of their heads and wear jeans and boots;they drink white wine and eat sushi at Japanese restaurants;for exercise they jog several miles a day. However,the next year they notice that everything has changed. Women wear long skirts;people drink expensive water from France and eat pasta at Italian restaurants;everyone seems to be exercising at health clubs.

  Almost nothing in modern life escapes the influence of fashion;food,music,exercise,books slang words,movies,furniture,places to visit,even names go in and out of fashion. It's almost impossible to write about specific fads because these interests that people follow can change very quickly.

  ……

  本例是文章的前两段。每个段落的首句都将主题思想明确表达出来,除首句外的其他句子则对该段的主题进行说明与解释。可见,上述段落鲜明地体现了英语语篇的演绎型与作者负责型特征。

二、大学英语阅读教学中的文化导入原则

  为使文化导入达到预定的目标,教师在阅读教学中应遵循以下几项原则。

  (一)多样化原则

  阅读教学过程中的文化导入应遵循多样化原则,具体体现在以下两个方面。

  1.导入形式的多样化

  为使导入的文化信息生动、真实,教师可采取图片、音频、视频等材料来解释、说明某一文化现象,从而强化学生对文化信息的感性认识,理解其文化内涵。此外,教师还可根据具体的需要,灵活采取注释、融入、比较、体验等多种方法导入相关文化知识。

  2.导入内容的多样化

  导入内容的多样化主要体现在题材与体裁两个方面。为学生导入不同题材的文化信息可以丰富学生的阅读体验,增加学生的阅读积累,为阅读能力的提升打好

基础。选择不同体裁则有利于学生感受语言的表现力,并使学生熟悉各种体裁文章的不同行文特点,从而提高阅读理解的准确性。

(二)关联性原则

文化具有非常广泛的范畴,因此在对文化信息进行理解时,其深度与广度都是多层次的。根据关联性原则的要求,教师在阅读教学中导入文化信息时,应对文化信息的范围进行划定,即选取那些与材料主题、文章作者、写作背景等相关的文化背景知识。这一方面是由于受到有限课时的影响,另一方面是由于这些信息对学生的阅读理解具有积极的促进作用,有利于学生深化对文章的感受。

需要注意的是,教师应把握好文化信息与阅读材料的关系,并有效控制文化导入在阅读教学中所占的比例,既不能忽视文化信息的导入,又不能喧宾夺主,最终将阅读课变成文化课。与此同时,教师还应保证所导入文化信息的相关性、基础性与必要性。

(三)因材施教原则

学生在英语学习方面往往表现出不同的特点,他们的英语水平也参差不齐。在当前以学生为主体的教学理念指导下,英语阅读教学过程中向学生进行文化导入时必须遵循因材施教的原则。换句话说,为满足不同水平、不同目标的学生的特殊需求,教师要选择合适的教学方法,这样才能保证每个学生的阅读技能都得到不同程度的提升。

具体来说,针对阅读能力较强的学生,教师在选择阅读材料时,应倾向于世界名著、期刊杂志等具有一定挑战性的材料,同时安排一些富有挑战性的任务,这可以让学生在增长见识、扩展视野的同时,不断挑战新的阅读难度,从而使自己的阅读水平不断提升。针对阅读能力较弱的学生,教师应为其推荐短小故事、短诗等易于理解的阅读材料,为其安排的问题也应相对简单一些。这样,学生可以通过自己的努力给出正确的答案,从而产生成功的喜悦感,收获学习的乐趣与自信,并以更大的热情投入到阅读学习中去。

(四)循序渐进原则

阅读能力的提升不可能一蹴而就,必须通过长期的练习。因此,教师在阅读教学的过程中不能一开始就选择那些较难理解的或具有丰富文化内涵的材料,而应在循序渐进原则的指导下,由简单到复杂、由少到多、由浅入深地逐步推进文化知识的内容。

此外,通过阅读材料为学生导入文化背景知识时,应想办法将准备导入的内容与学生的生活联系起来,或者尽量选择那些与学生的生活密切相关的内容,以此来更加有效地激发学生的阅读兴趣和热情。

第三节　中外文化视角下大学英语阅读教学的方法

在遵循上述阅读文化导入原则的基础上,教师还应该选用科学、合理的方法,以此来有效提高阅读教学的实际效果。

一、背景讲解法

所谓背景讲解法,是指在阅读教学过程中为学生讲解与文章内容相关的背景知识,使学生感受到英汉文化的差异性与相关性,深化对阅读材料的理解。例如,Solve That Problem with Humor 第 10 段中的一句话:Suddenly, the graying pencil-line mustache on Michener's face stretched a little in Cheshirean complicity. "How very nice of you all to turn out to see me! …shall we go in?"

本例出自《大学英语》(外语教学与研究出版社)第四册第三课。其中,Cheshirean complicity 的表达方式是作者杜撰的,来源于著名英国儿童文学作家卡罗尔(Lewis Carroll)的作品《爱丽丝漫游奇境记》(Alice's Adventures in Wonderland)中柴郡猫(Cheshire cat)这一形象。柴郡猫对于英语国家的人来说可谓家喻户晓、童叟皆知,它的经典表情是咧嘴笑,即使在它消失时,它的笑容仍旧挂在半空。作者借用柴郡猫的衬托来描写总督(Michenner)的形象,将总督机智的一面刻画得淋漓尽致。学生只有理解了 Cheshirean complicity 的文化内涵,才能真正理解其含义。

二、策略教学法

如前所述,英汉语篇在结构上存在诸多差异。具体来说,汉语篇章中的主题句往往没有固定的表达方式与明显标记,如果跳读、省读则会造成信息的缺失,于是,中国学生无形中形成了细读、精读的习惯,并把这种习惯运用于英语阅读,降低了英语阅读的速度与质量。实际上,英语语篇的结构相对固定,逻辑性也较强,只要能把握文章的逻辑主线,即使将一些信息略过,也可以实现满意的阅读效果。因此,教师应向学生讲授一些适用于英语语篇的阅读策略,以帮助学生提升阅读的效率。这里主要介绍跳读和略读策略。

(一)跳读

跳读是以题目为依托,根据题目提供的线索返回原文寻找答案的一种阅读策略。面对文章后的选择题,当时间紧迫又对答案拿捏不准时,采取跳读技巧有利于对所需信息进行准确定位,这不仅可以全面提升对信息进行加工、处理的能力,还可以提高比较与筛选的能力。

具体来说,跳读的具体步骤如下所述。

(1)通过对题干、选项的阅读,不仅要确定所需信息的类型,还应确定这些信息的文字呈现方式。例如,所需信息与时间有关,应对数字、日期等予以关注;所需信息与地点有关,应对地名予以关注。

(2)根据题干在文章中寻找相关信息的位置。在这一过程中,对其他不相关的信息予以忽略。

(3)在文章中确定所需信息的位置。

(4)仔细阅读找到的句子以及该句子的前后句,从而准确把握其语义、逻辑关系。在阅读过程中,应标记遇到的时间、地点、人物、起因、经过、结果等信息,以方便查阅。

(5)比较选项,并确定与原文信息的含义最贴近的选项。

例如:

China could save 10 million tons of grain a year if more attention were paid to the control of crop killer insects, a senior agricultural scientist said. He also warned that plant diseases and migratory locusts, which had been controlled for years, are spreading again.

He said China loses 15 million tons of grain a year as a result of damage done by plant diseases and insects. But if crops were better protected, at least 10 million tons of the lost grain could be saved. He calls for setting up a national consultative office in charge of biological control. Biological control is now used on slightly more than 10 percent of farmland of the country.

(1) What make China lose a large number of tons of grain every year?

A. Crop killer insects.

B. Any kinds of insects.

C. Asian migratory locusts.

D. Plant diseases and insects.

(2) What is the scientist's warning?

A. China loses 15 million tons of grain a year.

B. Crops should be better protected.

C. There are more and more plant diseases and insects.

D. Locusts are out of control.

遵循上述跳读步骤,可以轻松判断 D 为第一题的正确答案。

(二)略读

所谓略读,就是有意识地略过一些词语、句子甚至段落的阅读方法。略读可以在较短时间内了解文章的中心思想,因而是一种选择性阅读。正如贝弗里奇(William Beveridge)所说:"正确的略读可使人用很少的时间接触大量的文献,并挑选出有特别意义的部分。"

具体说来,略读时应该注意以下几个方面的问题。

(1)对文章中的斜体字、黑体字、画线部分、小标题、文章题目予以特别关注。斜体字、黑体字和画线部分通常是一些重要信息;小标题是各部分内容的概括和浓缩;文章题目是对全文主旨的概括,有助于把握文章的最核心信息。上述内容往往是文章的重要信息。

(2)对文章各段段首的主题句和段尾的结论句以及首段、末段等予以关注。在一个段落内部,主题句通常位于首句,结论句通常位于末句。在一篇文章中,首段通常对全篇进行综述和概括,末段往往进行总结。关注这些关键位置的句子对于掌握文章的主要信息和逻辑关系大有裨益。

(3)对关联词、关键词等予以关注。关联词可以传递上下文之间的让步、递进、条件、原因、对比、转折等逻辑关系,从而推断作者的思路;关键词有助于推测、确定文章的主题。

例如:

Car Running Instructions

Filling up with fuel

When filling up with fuel avoid overfilling the tank. The fuel should not be visible in the filler intake tube. If it is and the car is left in the sun, the fuel may expand. Then there is a danger of fuel leakage. If the tank is accidentally overfilled, park the car in the shade with the filler as high as possible.

Starting

Check that the gear lever is in the neutral position and that the handbrake is on. If the engine is cold, pull out the mixture control (choke). Switch on the ignition, check that the ignition and oil-pressure lights glow, and operate the starter. As soon as the engine starts, release the ignition key and warm up the engine. Check that the oil-pressure gauge is registering or that the oil-pressure light goes out.

Warming up

Warming up the engine by allowing it to idle slowly is harmful and leads to excessive cylinder wear. The correct procedure is to let the engine run fairly fast, approximately one thousand revolutions (revs) per minute (1000rpm), corresponding to a speed of twenty-five kilometers per hour (25kmph) in top gear. This allows it to reach its correct working temperature as quickly as possible. 别 damage is done by driving the car from cold, than by letting the engine idle slowly.

本文与车辆使用有关,共分为三个部分,每个部分都配有小标题。略读文章标题及小标题,就可以迅速掌握文章的大意及主要框架。

三、角色扮演法

在阅读教学中,教师可以紧密结合教学内容来设计相关的情景,并指导学生进行角色扮演。在参与扮演活动的过程中,学生不仅提升了英语学习的兴趣,还深化了对文章内容的理解,提高了对文化知识的实际运用能力。

下面是一个角色扮演活动的实例。

第一步:安排学生阅读英语文章 *Napoleon's Three Questions*。原文如下。

Napoleon's Three Questions

A story is told about a Swede who wanted to join Napoleon's Grand Army. One evening some of Napoleon's soldiers were drinking together when a young Frenchman brought friend to their table. He explained that his friend was a Swede and knew no French, but this Swede admired Napoleon so much that he wanted to join the French army and fight for him.

The soldiers looked up and saw a tall young man with blue eyes, a friendly face, strong arms and broad shoulders. They like him at once.

The officers saw that he was just the right sort of man, so they accepted him and he became one of Napoleons soldiers. His new friends smoothed away the difficulties. He fought bravely in many battles and gained their respect. However, his knowledge of French remained very weak, because he was not good at learning languages, but this did not prevent him from fighting hard.

Several years later, word came that Napoleon himself was coming to inspect them, and the Swede was warned that the great man would probably ask him some questions.

There was some difficulty in explaining this to the Swede, but when at last he understood he became very anxious.

"The Swede won't understand the questions." One of the Frenchmen said, "What can he do?"

It was well known that Napoleon always asked the same three questions, and usually in the same order. The first question was, "How old are you?" The second was, "How long have you been in my army?" And the third was, "Did you serve in either of my last two campaigns?"

The Swede could not possibly remember all these words and so his friends decided to teach him only the answers in their proper order. They gave him a lot of practice. When ever possible, one of them would stop him, make him stand at attention, and ask him the three questions. "How old are you?" he would demand, and the Swede would answer, "Twenty-three, sir." Then his friend would ask, "How long have you been in my army?" and the Swede would answer, "Three years, sir." To the third question, "Did you serve in either of my last two campaigns?" the Swede would answer with pride, "Both, sir!"

For many days this practice continued. The Swede would walk about, saying to himself, "Twenty-three, sir. Three years, sir. Both, sir!" Before the day of the inspection, his friends were satisfied. He knew his answer. There ought to be no trouble.

Napoleon arrived. Standing in front of the straight lines of soldiers, he looked at them with great satisfaction. Then he began to walk along the lines, smiling sometimes, and saying a few word here and there. The Swede stood quite still, except that his lips moved slightly. He was still practicing.

Napoleon suddenly caught sight of the tall soldier and realized at once that he had never seen him before. He stopped in front of the Swede. For some reason, this time the great man began with the second question.

"How many years have you been in my army?" he demanded.

"Twenty-Three, sir," said the Swede clearly and well.

Napoleon was surprised. He look at tall man and asked, "How old are you then?"

"Three years, sir," replied the Swede quickly.

Napoleon was astonished. "Either you are mad, or I am," he declared.

"Both, sir!" cried the Swede proudly.

第二步:指导学生将文章改编为短剧。改编的短剧如下。

Napoleon: I'm Napoleon. You see, I'm wearing an army uniform, with a clock on my shoulder and a sword at my left side. Today I'm going to inspect my soldiers. They are all here listening to me.

Napoleons: (to soldier A) Your rank is captain. You are leading the army which I'm going to inspect. Get everything ready before I come.

Soldier A: I will, your Majesty. (Soldier A gives orders to his soldiers.)

Soldier A: Attention. At ease. Eyes right. Eyes front. Count.

(The soldiers count one by one.)

Soldier A: (to Napoleon) All your soldiers are here waiting anxiously to see you, your Majesty.

(Napoleon walks along the lines, smiling in a friendly way and saying a few words here and there.)

Napoleon: (with satisfaction) Good.

(to soldier B) You did well, my son.

(to soldier C) You look like my soldier.

(Pats soldier D on the shoulder.) Great!

(Napoleon suddenly catches sight of a tall young man.)

Napoleon: What a tall young man! He must be very brave. But I haven't seen him before. Let me ask him some questions.

Napoleon: How many years have you been in my army?

Soldier E: (clearly and well) Twenty-three, sir.

Napoleon: (surprised) What! He has been in my army for 23 years. But he doesn't look more than twenty.

Napoleon: How old are you, then?

Soldier E: (bravely) Three years, sir.

Napoleon: (angry and astonished) The man is obviously cheating me. (to soldier E) Either you are mad or I am.

Soldier E: (proudly) Both, sir.

第三步:将学生分成若干小组。

第四步:指导每组成员根据自身的情况选择适合自己的角色。第五步:安排学生进行排练,教师给予适时指导。

第六步:各个小组分别汇报表演。

第七步:教师对各小组的表演进行点评,指出优点与不足,并对表演过程中出现的明显问题进行归纳、分析与总结。

第九章　中外文化视角下大学英语写作教学的探索

随着对第二语言习得理论研究的不断深入,二语或外语写作教学逐渐成了一个热点话题(崔刚、罗立胜,2006)。与英语的听、说、读教学一样,英语写作教学也是外语教学的热点。因此,研究中外文化视角下的英语教学转型问题必然不可忽视写作。蔡基刚认为,"听说能力强并不意味着国际竞争力强""大学英语教学必须花大力气培养学生的读写能力"。原教育部高教司司长蒋妙瑞在驻美使馆主政教育时发现,中国留学生的口语能力并不比日韩等国留学生差,"差的恰恰是阅读这一块,读书和查找资料的能力相对较差"。陆宏弟的统计表明,自1975年至2005年,中、日在SSCI和A&HCI两大检索期刊上发表的论文相距甚远,日本高校发表了32 954篇,我国内地高校仅为12 025篇。据国际顶尖工程技术领域学术刊物IET中国区出版总监高文(Stuant Govan)介绍,中国工程师向IET提交和发表的论文绝对数在国别排名中均为第一,但是发表率(16.5%)却是世界上最低的。高文分析出的四个原因中,有三个涉及语言和学术的规范性。历史、现状、认知心理、社会需求等彰显了英语读写能力培养的紧迫性、重要性和可行性。实现教学思维定位向"英语学习"转变和实现教学目标重点向读写能力转变殊途同归。本章首先对大学英语写作教学加以概述,然后讨论文化差异与大学英语写作教学的关系,最后阐述中外文化视角下大学英语写作教学的方法。

第一节　大学英语写作教学概述

一、英语写作的心理过程

了解学生进行英语写作的心理过程,对于提高英语写作教学的效果有重要作用。通常而言,学生在英语写作中会经历如下四个过程。

(一)从视觉到动觉

从视觉到动觉是英语写作最基本的心理机制,因为视觉活动属于书写训练的起点。具体地说,学生通过观看书上、黑板上的书写示范,就会在大脑中形成明晰的英文字母形象。学生形成的视觉形象越清楚、越深刻、越正确,其在之后的模仿就会越顺利、越准确、越迅速。可见,书写是一个由观察到临摹、由临摹到自主、由自主到熟练的过程。虽然模仿是动觉性的,但其与视觉有着密不可分的联系。

正确、快速、美观、清楚是书写的基本要求。因此,教师应清楚地意识到自己对学生的示范作用,应从教学的第一天起就为学生展现完美的书写,从而帮助学生形成鲜明、精确的视觉表象。此外,教师还要帮助学生养成看、想、写一体化,或动眼、动脑、动手一体化的良好书写习惯。

(二)书写技巧动型化

所谓书写技巧动型化,是指书写过程中一个动作紧接着另一个动作,一个基本单位的书写动作已经自动化。可见,书写技巧动型化其实就是高度的熟练化。随着写作熟练程度的提高,书写单位应该从单词逐渐扩大到短语、分句和句子,这不但能加快写的速度,还能提高学习效率。

为了使学生较快地掌握动型化的书写技巧,教师应通过不同的方式引导学生展开练习,既要经常在纸上练书写,又要习惯于在脑子里练书写,在脑子里经常对字母、单词、句子从书写形象上"过电影",做到心手合一。

(三)联想性的构思能力

联想性的构思是指人们对种属关系、因果关系、空间关系、时间关系以及层次关系等各个事物之间相互联系的认识。语言是思维的工具,学生应将英语作为思维工具来用,以便更好地将英语作为交际工具来用。而将英语作为交际工具来用的关键一步,是发展和养成英语的联想习惯。例如,由 family 联想到 father, mother, brother, sister 等。

学生具备了联想性的构思能力,就能更好地理解英语上下文的关联性。因此,教师应重视对学生联想性构思能力的培养,这样既能提高学生的英语写作能力,又能提高学生的思维能力,从而使学生牢固掌握所学的英语知识,做到活学活用。

(四)演进式的表达技能

演进式的表达技能是联想性构思能力的具体表现,其可以将定势思维、层次想象、系统回忆和连贯言语融为一体,既可以使学生的写作更具条理性,又会提高写作的迅速。例如,以 *I like to draw* 为题的作文,其演进式的表达是"I am a middle school student. I like to draw. I draw mountains, rivers, trees and birds. Now I am drawing a tree. Look! I have drawn it. There are leaves and flowers on it. The leaves are green. The flowers are red. They are very beautiful."可见,演进式的表达技能可以直

接促进学生的推理能力、汉语表达能力以及对其他学科内容的理解,既有教育意义又有教养意义。

二、学习英语写作的重要性

(一)促进语言的生成

对于中国学生而言,英语属于外语,这就预示着英语学习会遇到一定的困难。由于没有直接和英语人士开展交流的条件,缺少使用英语的环境,所以学生要生成语言就要做大量主观性的努力,而英语写作是促进英语语言生成的一种有效方式。

说和写是语言生成的重要方式,但因英语在我国缺乏一定的语言使用环境,所以学生"说"的机会大大减少,"写"就成了现实可行的语言生成机制。通过"写",学生不仅可以提高自己的语言表达能力,还会对其英语思维的形成有一定帮助,这些变化在写作的过程中会潜移默化地影响学生,最终提高其交际能力。

(二)提高学习的效率

写作学习对学习效率的提高主要是由写作的特点决定的。在中国,写作练习是一种经济方便的语言练习方式,同时,由于写作是一种相对主观的语言使用活动,写作什么时候开始、什么时候结束、使用什么表达都由学习者自主支配,因此能够激发学生学习英语的积极性。

正是由于写作的这些特点,其能够提高英语学习的效率,甚至影响其他语言学习活动的进行。随着英语教学改革的发展,以学习者为教学和学习中心的理念得到了广泛的传扬与发展,英语写作学习正好迎合了此种发展模式,对提高学习者英语学习的自主性,发展其独立思考与解决问题的能力有着重要的促进作用。

(三)发展英语的其他技能

学习写作可以推动其他英语语言技能的发展。

(1)学习英语写作既能丰富学生的词汇量,也能促进其更加熟练地掌握语法。在写作过程中,学生一般使用书面语进行表达,书面语的特点是表达准确、结构优美,所以这种写作训练可以使学生恰当地把握词汇的意义与用法。同时,书面语对语法形式的正确与否有较高要求,这就可以提高学生对语法的掌握程度。众所周知,词汇与语法是听、说等语言应用的前提与基础,所以其互为补充、互相促进。

(2)写作的过程既是一种语言生成的过程,同时,也是写作者内心对思想进行语言编码的过程。这种书面上的编码活动在实质上是和口语活动所需语言的编码活动相通的。因此,从这个意义上说,写作也能促进学习者口语能力的提高。

综上所述,学习英语写作对发展学生的综合语言技能有重要意义。可以说,英语写作技能的提高对整个英语学习都有重要意义,所以应该引起学生和教师的重视。

三、大学英语写作教学的现状

(一)学生的写作基础不好

很多学生都抱怨,英语写作是一件困难且复杂的工作,他们对英语写作的抵触情绪非常明显,这主要是因为学生没有掌握正确的英语写作方法。在写作过程中,很多学生都不知道如何运用所积累的词汇,即便熟知一些词汇与词组的意义,也不知道该如何下笔。另外,还有一些学生词汇量有限,根本表达不了所要表达的意思,从而使其文章中不断重复某些词汇;一些学生积累了一些英语句式,但在写作中不能自由地切换句式;一些学生因不了解英语的语言风格,所以在写作中存在严重的"口语化"现象。这些现象均与学生的英语写作基础不好有关,应该引起重视。

(二)学生的英汉思维差异不够清晰和准确

学习一门语言,也应了解其背后的文化,但很多学生在学习英语时过分注重语言知识的习得,却忽视了文化知识。这就使学生所掌握的英语语言缺失灵魂与活力,且在英语写作中无法恰当地使用。

(三)教学系统性不足

在英语写作教学中,还存在一个最明显的问题,即系统性不足。具体来说,写作教学系统性不足体现在以下几个方面。

1. 教学目标

学习任何知识都应该遵循循序渐进的原则,英语写作教学也是如此。想要实现英语写作教学的目的,首先应该确保教学的系统性。通常,导致英语写作教学目标缺乏系统性的原因多集中在三个方面:总体目标与阶段性目标的不协调;显性目标与隐性目标系统不平衡;教师对写作的目标体系与学生写作实际之间关系的模糊认识。英语写作的总体目标是针对学生的生理、心理特征,结合写作教学的自身规律,并在英语课程要求中明确规定的总体任务。英语写作的阶段性目标,就是根据总体目标制订的一系列的阶段性目标。可见,英语写作的阶段性目标是总体目标体系的子系统。然而,当前的英语写作教学现状却是:英语写作的总体目标与阶段目标之间的系统性不足,总目标与子目标之间连贯和衔接的科学性严重缺失。这种写作总体目标与阶段目标的不协调必然会影响写作教学目标的实现。

导致教学目标难以实现的另一个原因是:教师对英语写作教学目标与学生实际之间关系的认识含混。事实上,目标是教师和学生对学习结果的期待系统,教学目标与学生的实际学习情况之间一定存在差距,两者之间适当的距离有利于学生英语写作能力的形成,而两者间过大或过小的距离都将制约学生写作能力形成。英语写作教学也就是学生实际向目标逼近的过程。师生均可以借助目标与实际状态之间的缝隙,设定教学或学习的步骤,教师还应对实现每一环节目标的可能性和条件有所了解,且要熟知在这一过程中学生可能会遇到的困难。因此,教师对写作教学的目标与学生实际之间的关系和意义的认识含混,必然会导致其行动和反应上的迟缓,从而直接或间接地影响学生英语写作能力的提高。

2. 教学方法

方法即一种对活动行动程序或准则的规定性,一般表现为一种活动模式,它能够指导人们按照一定的程式、规则展开行动。教学方法其实是整个教学系统的一个子系统,而系统性是有效运用教学方法的重要依靠。可见,教学方法与教学目的、教学内容以及师生的互动关系均有着密切的联系。英语写作教学方法的运作取决于教学系统,同时,写作教学方法的系统运作也决定着写作教学的效率。因此,系统性是英语写作教学方法的内在规定,没有了系统,教学方法就失去了价值和意义。

教学目标、教学内容和师生关系对教学方法有制约的作用。没有明确的教学目标,也就迷失了写作的方向;而脱离了教学内容,所采用的方法也就毫无意义;没有师生之间的互动,写作教学方法更是没有价值。因此,不同的教学目标、内容、师生关系应对应不同的教学方法;不同的教师和学生学习知识经验就有不同的写作教学方法供选择和运作;不同的内外条件,写作教学方法的系统运作会呈现不同的水平和层次。近年来,英语写作教学方法失效的一个主要原因就是:一些英语教师对教学方法的系统性把握不够,写作教学中所用的方法不系统、不连贯,缺少针对性。

3. 指导思想

教师的指导思想也会影响着学生的写作效果。教师写作指导的系统性是写作教学的关键。写作技能是从大量练习中获得的,反复地练习对于写作能力的生成非常有利,但多练不等于泛练。如果没有目的性地练,即使花费了大量时间也是没有意义的。从遣词造句到段落和篇章的生成,从撰写记叙文到写议论文,从构思、行文到修改,学生的写作均经历了一个由浅入深的系统操作过程。因此,英语写作的指导思想也应该具有系统性。

(四)重形式、轻过程与内容

重形式、轻过程与内容也是目前我国大学英语写作教学存在的问题。出现这些问题的原因可以归纳为如下几点。

(1)对于中国学生而言,英语是一门外语,所以要求初学写作的学生直接用英语写作或思维是不现实的。很多人认为,英语写作中侧重语言形式的作用是较为普遍的。因此,在英语写作教学中重视文句的规范性与文章结构,忽视文章的内容和思想的现象也就特别常见。英语写作中有一条不成文的规定,即把文章结构和语言形式看作写作教学的主要内涵。对于初学英语写作的人来说,学会把握文章的结构和形式似乎成了教师指导英语写作的全部内容。

(2)受传统教学模式的影响,英语写作教学也很注重语言的形式和文章的结构。传统教学中的做法如今演化成了教师的教学方法和课堂行为,而传统的思想和方法也不断地被教师接纳和坚持,学生也渐渐接受了这种写作思想和写作方法。

内容和过程对于英语写作而言都非常重要,文章的丰富性和深刻性主要就源自内容的个性化和思想的独特性。语言的形式和文章的结构仅是作者表达思想和情感的一种手段。学生能否把握文章的结构和格式固然重要,但不应过分强调它们的作用。文章的思想和观点的生成如同写作和习作教学的源,而文章的结构和语言的形式如同写作教学的流。因此,英语写作教学必须处理好源与流、本与末、主与次的关系。

第二节 文化差异与大学英语写作教学

一、语言文化差异对英语写作的影响

(一)词汇文化差异对写作的影响

对于同一个事物或概念而言,在一种语言中可能仅有一个词语来表达,而在另一种语言中就可能有多个词语来表达。中西方两种文化背景中的人进行交际时,经常会遇到理解上的困难。例如,Mary's sister married David's brother 很难找到汉语的对应表达,因为这里的 sister 究竟指 Mary 的姐姐还是妹妹,brother 指 David 的哥哥还是弟弟这很难确定。因此,对中国学生来说,要顺利地完成写作并提高英语写作的能力,首先就要在用词上下一番工夫。英语写作的基本功就是用词准确,因为词语是语言的基本要素,所以词汇上的文化差异较为明显。例如,很多人认为

"请"就是英语中的 please。但事实并非如此,当邀请他人一同就餐时,可以在餐桌上说"Help yourself.",而不是"Please."。

词汇的意义主要由两个部分构成:内涵意义和外延意义。格言、成语和谚语作为社会语言与文化的重要部分,其不但难以理解,而且很难运用得当。如果使用不当,很容易造成误解,甚至会令对方感到不快。例如,一名在美国学习的外国学生坐在窗前看书。突然,窗外一个人大声喊:"Look out!",这名学生以为那个人是告诉他"往外看",所以他毫不犹豫地将头伸出窗外看。结果,上面掉下来一块砖头,差一点砸在他的头上。此时,他既生气又后怕,抬头看,发现有一个人在上边修理窗户,那个人则告诉他:"Didn't you hear me call 'look out'?"(你没有听见我喊"look out"吗?)他回答说:"Yes, and that's what I did."(听见了呀,所以我才向外看呢。)

(二)句子文化差异对写作的影响

1. 句子重心差异

(1)英语在后,汉语在前

英语句式的表达习惯先给出发话人的感受、态度或对事情做出评价,然后详细描述事情的来龙去脉,构成先短后长、头轻脚重的结构特点。例如:

It is regrettable that the aggressive market strategy of Japanese colleagues and their apprentices in Korea has resulted in destructive price erosion for consumer electronics goods.

相反,汉语句子的重心往往在前面。这种句子主题被强调的内容,若翻译成英文多为句子的宾语,这大概与汉语是主题显著语言,习惯思路是先叙事后表态有关系。这一特点从上句对应的汉语译文就可以看出:

我们的日本同行和他们的韩国"学徒们"以其野心勃勃的市场战略破坏性地降低了民用电子产品的价格,这是令人感到遗憾的。

(2)原因分析

导致英语句子重心在后,汉语句子重心在前这一特点的主要原因是英汉句子结构存在差异。进一步说,英汉句子之所以会出现这么大的差异,是因为英汉语言结构不同。英语属于主语显著语言,而汉语则属于主题显著语言。英语句子的基本结构是:主语+谓语。这里的主语多为名词性的,谓语中必须有一个限定动词,且主语和谓语之间的动词必须在人称、数上达成一致,所以英语句子结构极其稳定。不管英语句子的种类如何繁多,其最基本的结构都是:SV(主—动),SVC(主—动—补),SVO(主—动—宾),SVOiOd(主—动—间宾—直宾),SVOC(主—动—

宾—补),SVA(主—动—状),SVOA(主—动—宾—状)。不论英语句式的成分多么不同,它们都有一个相同的部分,即 3+V(主语+谓语)。因此,缺少主语或谓语的英语句子是不可能存在的。相反,汉语句子的基本结构是:主题+述题。这里的主题相当于"话题",是句子的起始部,而句中的述题则是针对"话题"而展开的评论,多是"最新的信息"。汉语句子的主题可能是名词结构,与主语一致,也可能是其他成分。可见,主题是汉语句子不可缺少的一部分。

2.语态差异

(1)使用被动语态的频率不同

英语中被动语态使用的频率很高。多数及物动词和相当于及物动词的短语均有被动式。英语被动语态通常可以用于下面几种情况:当不必说明行为的实行者时;当不愿意说出实行者时;当无从说出实行者时;当考虑到便于上下文连贯衔接时等。

相反,汉语中很少用到被动语态,其主要有两个原因:其一,汉语中很少使用被动语态是由于其频繁使用"主题+述题"结构;其二,受中国人思维习惯的影响,中国人注重"悟性",强调"事在人为"和个人感受等,所以很少用到被动语态。

请看下面例句。

Language is shaped by, and shapes, human thought.

人的思想形成语言,而语言又影响了人的思想。

The scientific research plan has already been drawn up.

科研计划已经拟出来了。

(2)被动语态的表达方式不同

英语被动语态多是 be+done 的表达形式,而汉语被动语态多用词汇手段表达,具体有下面三种情况。

①多用主动句式表达被动意义。例如:

每一分钟都要很好地利用。

Every minute should be made good use of.

②多用被动意义的助词表达被动语态,如"被、受、让、叫、给、挨、遭、由、予以、为……所、被……所、是……的"等。例如:

中国代表团到处都受到热烈欢迎。

The Chinese delegates were warmly welcomed everywhere.

③多用无主句表达被动意义。例如:

为什么总把这些麻烦事推给我呢?

Why should all the unpleasant jobs be pushed onto me?

3. 语序差异

(1) 英汉语序的具体差异

由于中西方人的思维方式不同,所以英汉语言的表达顺序也有所不同。通常来说,英语的表达顺序是:主语+谓语+宾语+状语(方式、地点、时间)(一般定语必须后置)。汉语的表达顺序是:主语+状语(时间、地点、方式)+谓语+宾语(一般定语必须前置)。

(2) 原因分析

英汉语序存在差异的主要原因是:英语民族强调"人物分立",注重形式论证与逻辑分析,崇尚个体思维。受这种文化背景的影响,英语母语者的思维习惯多为"主语+行为+行为客体+行为标志",即以综合型为主,向分析型过渡,这就使英语句子表达呈现出"主语+谓语+宾语+状语"的顺序。尽管这些成分不失变化,但总体上说是比较固定的。相反,以汉语为母语的民族强调"物我交融""天人合一",注重个人的感受,崇尚主体思维。因此,中国人的思维方式呈现出"主体+行为标志+行为+行为客体"的特点,进而使语言形成"主语+状语+谓语+宾语"的顺序。

二、社会文化差异对英语写作的影响

受中西方社会文化背景及思维方式差异的影响,学生在英语写作过程中的用词和造句也会产生较大差异。例如,在英语写作中,很多人都会将"端午节"写成 Dragon Boat Festival 或 Double Fifth Festival,而这两种不同的表达方式正是作者对"端午节"一词所承载的文化内涵的微观写照,传递给读者的信息是一种直观的文化生活行为。当要求学生写一篇有关端午节的文章时,有学生会这样写道:"The fifth of fifth lunar month, the Dragon Boat Festival is, is one of the traditional festivals in China. In my hometown, every house hold should hang worm wood on the door, pack dumplings, do the steamed bun on the day…"(农历的五月初五是端午节,端午节是我国的传统节日之一。在我的家乡,每逢端午节,家家户户都要在门前挂艾叶、包粽子、做包子……)。通过这段描述就可以猜到,写文章的学生可能来自缺水地区,通篇没提到赛龙舟的事情。由于学生将端午节表达为 Dragon Boat Festival,所以对于不了解中国传统文化的人就很难理解"龙舟节"为何没有一点与舟有关的活动。只有做一番解释后,才能使这些人明白"端午节"并不是一场划船比赛而是一项节日活动。

第三节　中外文化视角下大学英语写作教学的方法

一、文化导入法

我国学生的思维方式、表达习惯等都受到汉语文化的影响。为了避免汉语文化对学生英语写作带来的负面影响,教师应通过多种渠道帮助学生掌握中西方的文化差异以及这种差异带来的英汉写作上的不同,提高学生的英语语言应用能力。

具体地讲,教师可以安排学生与外籍教师、学者等用英语进行沟通,了解西方文化的方方面面,也可以利用图片、音频、视频等教学手段为学生创造有利的英语学习环境,让学生尽可能多地了解英语文化的背景。长此以往,学生既加深了对英语的感知力又开阔了视野,并渐渐养成用英语思考、表达的习惯,从而能用英语写出地道的文章来。

二、对比分析法

中西方文化的差异使英汉语篇的写作也产生了差异。因此,教师在英语写作教学中可以帮学生演示与剖析英汉语篇在遣词造句、文章结构等方面的差异,引导他们在写作时有意识地避免受汉语思维的影响,写出更符合英语表达习惯和英美文化的文章。例如,在英语精读教学中,教师可以对课文进行细致的分析,剖析课文是如何发展主题、组织段落、实现连贯的,使学生了解并掌握各类文章的写作技巧、注意事项等,从而建立起对英语语篇结构的立体、综合的认识。

此外,教师在批改学生作文时应明确指出学生写作中不符合英语表达习惯的语句,并注明正确的英语表达,使学生更清楚地看到差别,并在不断修改的过程中逐渐学会用英语进行思考与表达。

三、仿写训练法

受汉语思维的影响,很多学生写文章时都有套用中文思维的习惯,一边想汉语是如何说的,一边将其翻译成英文写出来。这种接近"汉译英"的写作模式不但效率低下,而且还会造成汉语思维和表达习惯对英语写作的负迁移作用。

为了使学生克服机械、低效的写作方式,在英语写作教学中,教师应引导学生对一些英文材料进行仿写。通过仿写,学生不仅能够积累一定的英语写作素材,还能清楚、快速地了解地道的英语语篇应如何展开,从而培养学生良好的英语语感和写作习惯。需要注意的是,仿写材料既可以是教材中的英语课文,也可以是文学名著。此外,教师也要鼓励学生使用词典等工具书来辅助表达。

四、读写结合法

"读"是语言输入的一种方式,"写"则是语言输出的一种方式,读和写有着密切的关系。具体来讲,读是写的基础,"读"可以为"写"积累语言材料,不仅能够使学生知道写什么,还能使他们知道如何去写。因此,在英语写作教学中,教师一定要运用读写结合的方法来引导学生写作。

教师可以引导学生阅读大量题材广泛、体裁各异的英语材料,以此来了解英美人士的思维方式、价值观念、道德标准、社会文化、历史传统等各个方面,并为英语写作积累素材,培养语感等。另外,教师应帮助学生养成边读边做读书笔记、读书心得的习惯,从而为拓展思路、汲取经验、模仿写作做铺垫,这样学生才能更快、更有效地提高英语写作的水平。

第十章 中外文化视角下大学英语翻译教学的探索

随着社会的不断发展,世界各国在文化方面的交流越来越频繁,而且呈现出逐渐融合的趋势。作为世界各国交流的桥梁和纽带,翻译过程中必然会涉及文化问题,这就要求译者必须具备丰富的文化知识、扎实的翻译能力,即要求译者具有跨文化交际能力。在这种大背景下,大学英语翻译教学的理念也应有所转变,即从单纯培养学生的语言翻译能力向培养学生的语言和文化综合翻译能力转变。本章就对中外文化视角下大学英语翻译教学的转型进行具体说明。

第一节 大学英语翻译教学概述

一、学习英语翻译的重要性

对于学生而言,翻译的学习有着重要的意义,它既能促进学生个体的发展,也能使学生借助翻译促进社会的发展。具体来讲,学习英语翻译具有以下几方面的重要意义。

(1)学习英语翻译最基本的意义就是可使学生具备一定的翻译能力。翻译能力包括双语能力(两种语言的语法和词汇、社会语言以及语言的使用)、非语言能力(表述知识的能力,包括各种百科知识和文化知识)、翻译专业知识(翻译的运作知识和翻译实践活动的知识)、专业操纵能力(解决翻译中出现问题的能力)和心理生理素质(认知机构构成和认知能力,包括记忆、感知、情绪、逻辑分析以及创造能力等)。学习英语翻译,学生可具备以上基本的翻译能力,为今后的翻译实践打好基础。

(2)学习翻译可进一步促进学生其他英语技能的提升,进而为学生步入社会后有效地展开工作奠定基础。英语包含听、说、读、写、译各项技能,这几项技能并不是相互孤立的,而是紧密相连、相辅相成的。通过大量的翻译练习,学生不仅可以从中获取丰富的语言知识,而且通过英汉互译能使学生更加熟悉英语思维,熟练地用英语进行思维,英语思维的加强能更有效地提高学生的听、说、读、写能力。可见,翻译学习可以带动学生其他能力的提高,能培养学生的综合英语能力,而这又能为学生在今后的工作中提高工作效率奠定基础。

(3)学习翻译可使学生了解丰富的文化知识,认识到中西语言与文化的差异,进而培养文化意识和跨文化交际能力。在翻译学习过程中,学生经常会遇到译文词不达意、语句不通的情况,甚至有时每个单词都认识,但却不理解整个句子的含义。之所以会出现这种情况,主要是因为对语言背后的文化背景知识的不了解。翻译并非是简单的语际转换,这种转换过程中携带着大量的民族文化信息。学生在翻译的学习过程中就要将英汉语言中的文化知识转换到另一种语言文化中。在这一过程中学生可以直接感受和体会到中西文化之间的差异,进而对其有所了解和掌握。当学生对中西文化有了深入的了解时,就能通过翻译进行跨文化交际。

(4)学生学习翻译不仅能促进自身的发展,还能在参加工作后有效推进各企业以及社会的发展。当学生具备了扎实的翻译能力,具有一定的跨文化交际能力,将来进入各个企业就能为企业注入新的活力,促进企业的进步,推动企业不断向国际化发展,进而推动整个社会的发展。

二、大学英语翻译教学的现状

现在,大学英语翻译教学受到越来越多的关注和重视,也取得了很大的进步和发展,但仍有一些问题需要尽快解决。分析大学英语翻译教学的现状,对于了解教学和学生的状况,进一步改善大学英语翻译教学具有重要作用。这里就对大学英语翻译教学的现状进行说明。

(一)教学体制的现状

1.《大学英语教学大纲》使得翻译教学未被重视

《大学英语教学大纲》是大学英语教学的纲领性文件,但是这一纲领性文件并没有引起人们对大学英语翻译教学的重视。1999年,大学英语《新大纲》提出应重视对学生翻译能力的培养,并针对不同的学习阶段提出了具体的要求。虽然《新大纲》在培养学生翻译能力方面提出要兼顾学生的英汉互译能力,但最终目的仍然是培养学生的阅读能力,兼顾一定的听、说、写、译能力。而2004年的《大学英语课程教学要求(试行)》也将重点放在了培养学生的综合应用能力上,尤其是听、说能力,对翻译教学也仅仅是提出了三个不同层次的要求。可以看出,翻译教学并没有引起相关部门的重视,从而一直处于被忽略的地位。

2.考试项目设置使得翻译教学的重要性有所降低

虽然翻译是组成大学英语考试的一个部分,但就项目设置来讲,翻译对大学英语教学的指导作用却并不明显,从而使得教师和学生对翻译有所忽略。尽管翻译已经成为大学英语四、六级考试的常设题目,但所占分值却很少,只占试卷总分值的5%,如此少的分值是很难引起教师和学生的重视的。此外,就命题方式而言,翻译试题的形式也非常简单,难以系统考察学生的翻译水平,自然也就使学生难以达到社会需求的要求。

(二)教师教学的现状

1. 教学方法陈旧

在大学英语教学中,教师并没有对翻译加以重视,因此也就很少采用创新的教学方法来开展翻译教学,往往是先布置学生做练习,然后批改练习,力求将学生作业中的全部错误挑出,并逐一改正,最后讲评练习。这种教学方法不仅费时费力,也难以激发学生的学习兴趣,也就更谈不上培养学生的翻译能力了。

2. 教学策略不佳

在教学策略的运用方面,教师也存在一定的问题。教师常常采用传统的教学策略,非常肤浅地比较两种语言之间的异同,甚至将翻译当作理解和巩固语言知识的教学手段,注重的仅是语言形式和翻译知识的教授,而忽略了对学生翻译能力的培养。在具体的练习过程中,教师往往是强调一下翻译材料中重复出现的关键词或句型,对对答案,却很少对学生进行系统的训练,而且教师对翻译技巧的讲授也缺乏整体的规划,这样的教学策略显然不利于学生翻译能力的提升。

(三)学生学习的现状

1. 容易"的的不休"

很多学生的翻译都存在机械翻译的问题,通常一见到形容词就会死板地翻译为"……的"。例如:

The record has been considered soft ever since it was set last June.

原译:自从六月份创造了这个纪录以来,人们一直认为它是很容易被打破的。

改译:人们一直认为去年六月创造的纪录很容易打破。

2. 不善于灵活增减词量

在增减词量方面,很多学生都缺乏一定的灵活性,往往是原文中有几个词,在译文中就有几个词。这样的翻译不仅使得译文非常死板,而且也会使译文显得异常啰唆。例如:

Her grace was a delight.

原译:她的优雅是一种快乐。

改译：她的优美风度，令人欣悦。

Women screamed,and kid showled,but the men stood silent,watching,interesting in the outcome.

原译：女人尖叫，小孩欢闹，男人们静静地站着看着，对结果感兴趣。

改译：只听到女人们在尖叫，小孩们在欢闹，男人们则静静地立在那儿袖手旁观，饶有兴味地等着看结果。

3. 不善于引申词义

英语中一词多义的现象十分常见，但是很多学生只知道词语的基本含义，却不能根据其基本意思进行引申，因此在翻译时不能正确选择词义，进而造成译文理解上的障碍，最终造成误译。例如：

He has developed an interest in gardening.

原译：他对园艺发展了兴趣。

改译：他对园艺产生了兴趣。

The aim of this course is to develop the students´ writing skills.

原译：这门课的目的是发展学生的写作技巧。

改译：这门课的目的是培养学生的写作技巧。

4. 语序处理有误

在语言的表达顺序方面英汉语言有着显著的差异，由于缺乏灵活的思辨能力，很多学生在翻译时常常拘泥于原文的语序，从而造成句序或者词序错误，进而使得译文特别牵强和别扭。例如：

The doctor is not available because he is handling an emergency.

原译：医生现在没空，因为他在处理急诊。

改译：医生在处理急诊，现在没空。

It is simple that they do the same things in different ways.

原译：只不过是不同的人做同样的事以不同的方法。

改译：只不过他们用不同的方式做同样的事情而已。

5. 不善于处理长句

英语语言注重形合，在组句成篇时常常使用各种衔接成分，所以英语中有很多冗长的句子，而这些句子正是学生翻译的难点所在。大部分学生不善于对长句中的成分进行处理，进而经常译出不符合汉语习惯的外语式长句。例如：

Hearing her predicament,I was always arranged to meet people where they or I can be reached in case of delay.

听了她的尴尬经历之后,我总是安排能够联系上的地方与别人会见,以防耽搁的发生。

本例译文读起来十分别扭,语义也颇令人费解,这就是因为没有把握好原文的逻辑关系。实际上,当英语定语从句的结构较为复杂时,可以将句中定语部分译成分句。对此,可以将原译修改如下:

听她说了那次尴尬的经历之后,每每与人约见,我总要安排在彼此能够互相联系得上的地方,以免误约。

6.经常使用方言及口语词汇

我国的大学生来自全国各地,他们使用着不同的方言,这些方言不可避免的体现在学习中。具体而言,在翻译过程中很多学生常使用方言俚语,这些方言俚语的出现常会使人感觉非常别扭。例如:

But, Papa, I just can't swallow it, not even with honey.

原译:可是,爹,我受不了,就是拌了蜜也咽不下呀。

改译:可是爸,我受不了,就是拌了蜜我也受不了啊。

The children lived in terror of their stepfather, who had borne down on them so often and so hard that there was little left.

原译:孩子们对他们的继父怕得要死,继父经常整他们而且整得很重,简直把他们整瘪了。

改译:孩子们对他们的继父怕得要死,因为继父时不时就狠狠地教训他们一顿,他们已经无力应对了。

第二节 文化差异与大学英语翻译教学

一、语言文化差异对英语翻译的影响

就语言来讲,英汉语言在词汇、句法、修辞等方面呈现出明显的差异,以下就针对其中的几个方面对翻译的影响进行简要说明。

(一)词汇方面

英语中的很多词汇都有着丰富的文化内涵,认识和了解这些词汇的引申含义对于翻译来讲是非常重要的。例如,英语 as fit as a fiddle(非常健康)中的 fiddle 具有健康的含义,但汉语中与之相对应的"小提琴"却与健康没有任何关系;汉语中

的"宠儿"表示"被人特别是父母喜欢的孩子",而英语中的 favorite son 却指"被自己州所拥护的政治候选人"。可见,在翻译过程中非常有必要了解词语的文化内涵,以免望文生义,造成错译。再如:

He saw himself, in a smart suit, bowed into the opulent suites of Ritzes.

他发现自己身着漂亮的礼服,被恭恭敬敬地引进了像里兹饭店一般的豪华旅馆的客房里下榻。

"里兹饭店"是瑞士人里兹所开设,因奢华而闻名,后成了奢华饭店的代名词。了解了这一文化背景,其翻译也就不难处理了。

(二) 句法方面

在句法方面,英语注重形式衔接,讲究结构完整,句子形式严格受语法的制约,而汉语则注重意念连贯,不求结构齐整,不受语法的制约,句子形式较为随意。据此,学生在翻译时就要注意这种差异,以免产生误译。例如:

The many colors of a rainbow range from red on the outside to violet on the inside.

彩虹有多种颜色,外圈红,内圈紫。

As you sow, so will you reap.

种瓜得瓜,种豆得豆。

(三) 修辞方面

在修辞方面英汉语言有着很多的相似之处,但也表现出一定的差异,而修辞上的差异对翻译造成不小的障碍。例如:

…you had got to the fifth bend, I think?

"I had not!"cried the Mouse, sharply and very angrily.

"A knot!"said Alice, "oh, do let me help to undo it."

……你说到了第五个弯儿了,不是吗?

那老鼠很凶很怒地道:"我没有到!"

爱丽丝道:"你没有刀吗?让我给你找一把罢!"

(赵元任译)

英语原文中通过 not 和 knot 两个单词的谐音起到双关作用,在准确传达原文信息的同时也取得了幽默的效果。通常,双关是不可翻译的,因为在汉语中很难找到相适应的词与英语单词谐音。但译者用汉语中的"到"和"刀"谐音,将原文的语言特色巧妙地再现了出来。

二、社会文化差异对翻译的影响

社会文化丰富多样、错综复杂,一个民族的历史、政治、经济、风俗习惯、价值观、思维方式以及社会活动的特点和形式等都是社会文化的表现。英汉社会文化方面的差异对翻译也有着显著的影响,具体体现在以下几个方面。

(一)思维方式方面

在思维方式方面,英语民族擅长抽象思维,善于用抽象的概念来表达具体的事物,这种思维方式在语言上的表现就是采用抽象表达法。但汉民族的思维方式与英语民族正好相反。因此,在具体的翻译过程中就要对原文进行变动,即将英语中的抽象名词具体化。例如:

Is this emigration of intelligence to become an issue as absorbing as the immigration of strong muscle?

知识分子移居国外是不是会和体力劳动者迁居国外同样构成问题呢?

intelligence 的基本含义为"智力,理解力",muscle 的基本含义为"肌肉,体力"。如果直接译为其基本含义必然会造成言语不通,所以译文并没有进行死译,而是灵活地将它们译为了"脑力劳动者"和"体力劳动者"。译者对原文进行了具体化处理,使得整个句子更易理解。

(二)风俗习惯方面

风俗习惯涉及的范围非常广泛,以下就从称呼这一风俗习惯来分析英汉文化差异对翻译的影响。在称呼方面,英语的称呼非常简单,仅 dad,mum,grandpa,aunt,uncle 等几种,而且多数情况下都是直呼其名。但中国十分注重礼节,称谓注重尊卑有别,长幼有序,而且一个称谓不止一种叫法,如"妻子",英语中只有一种叫法,但汉语中则有"老婆""爱人"等多种称呼。因此,在翻译时就要根据上下文推断文中人物的亲属关系,从而准确翻译原文中的称谓。

(三)习语方面

习语是一个民族文化的积淀和人民智慧的结晶,有着明显的民族性,因此英汉两种语言中的习语也存在着很多形似而意悖的现象,所要表达的意思与其字面意思往往没有直接的关系。因此,在翻译习语时一定要理解其蕴含的深层文化含义。例如:

He is the man who always wears two hats.

wears two hats 的字面含义为"戴两顶帽子",但如果直接这样翻译会使读者难以理解。实际上,这一习语的深层含义是"一心二用",如果了解了这一含义,原文的翻译也就变得很容易了。

三、宗教文化差异对翻译的影响

宗教文化是人类文化的重要构成部分,它是由民族宗教信仰和宗教意识等形成的文化。西方人多信仰基督教,认为世界是由上帝创造的,世上的一切均是按上帝的旨意安排的。而中国深受儒教、道教和佛教三大宗教的影响,在中国的传统文化中,有道教中的"玉帝",有神话中的"龙王",有主宰自然界的"老天爷"。这种宗教信仰差异对语言也产生了重大影响,必然也会影响翻译。例如:

He was in the seventh heaven last night.

误译:他昨晚在七重天。(七重天为地点名词)

改译:昨晚他很快乐!幸福至极!

看到上述句子,很多学生会将 in the seventh heaven 与"死""升天"等概念联系在一起。实际上,在英语中七重天是指上帝和天使居住的天国之最高层,言外之意就是如果人能居于此,便是与上帝同处,自然是十分愉快的。所以,在翻译的时候要从"高兴"之意出发,将其深层含义翻译出来。

四、物质文化差异对翻译的影响

人类文化中的物质文化差异对翻译也有着重要的影响作用。例如,在饮食文化方面,中西方的差异就是显而易见的。西方人多以蛋糕、面包等为主食,而中国人主要吃大米、面食等。所以,如果将 a piece of cake 按汉语的习惯译为"蛋糕一块儿",肯定会令人费解。蛋糕在西方人的生活中十分常见,而且制作蛋糕对他们来说也是十分容易的,但对于中国人而言,尽管蛋糕十分常见,但却很少制作,所以将其译为中国人比较熟悉的"小菜一碟儿"更为合适。

第三节 中外文化视角下大学英语翻译教学的方法

一、图式法

图式法是大学英语翻译教学中常用且有效的一种教学方法。图式指的是一些知识片段,这些知识片段以相对独立的形式保存在人的大脑记忆中,对言语的理解其实就是激活大脑中相应的知识片段的过程。人从出生开始就在与外部世界接触的过程中认识周围的事物、情景和人,并且在头脑中形成了不同的模式。围绕不同的事物和情景,这样的认知模式形成了有序的知识系统。简单来讲,图式就是人脑中关于外部世界知识的组织形式,是人赖以认知和理解周围事物的基础。如果在接触到新的信息时,大脑中没有与之相关的图式,就无法正常理解。

由此可以看出,将"图式"引入和应用于翻译教学中意义非常重大。它可以有效地激发学生头脑中与文本相关的图式,使学生对原文有一个正确的理解。具体来讲,教师可向学生提供一些需要激活图式才能正确理解的语言材料,然后要求学生根据这些材料进行翻译。同时,教师也要积极帮助学生调动相关的图式,以激发学生的积极主动性,促使学生更加有效地学习。

二、语境法

翻译与语境有着非常紧密的联系,因此语境法也是大学英语翻译技能教学中常用的方法之一,语境法的实施可以实现学生对原文进行全面的理解和准确的翻译。这是因为翻译中的理解和表达都是在具体的语境中进行的,语义的确定、选词造句、篇章结构以及语体形式均离不开语境。可以说,语境是正确翻译的基础。

语境包括宏观语境和微观语境。其中,宏观语境包括话题、对象、场合等,它使意义更加确切化;微观语境是指词语的含义搭配、语义组合,它使意义特定化。在具体的翻译教学中,教师应引导学生综合考虑这两种语境,促使学生根据已有的知识获取原文含义,并且根据原文中提供的各种信息进行思辨、推理,找出原文作者的隐含意图,从而恰当地进行翻译。

三、讲练技巧法

翻译技巧是翻译有效进行的基础和保证,所以教师在教学中要有意识地向学生讲授一些常用的翻译技巧,并引导学生进行有针对性的练习。

(一)直译

直译是最为常见的一种翻译技巧,它是指在符合译文语言规范的基础上,在不引起错误联想和误解的情况下直接进行翻译。直译强调"形似",因此能够很好地保留原文的形式与特色。

例如:

Failure is the mother of success.

失败是成功之母。

Work banishes those three great evils:boredom,vice,and poverty.

工作撵跑三个魔鬼：无聊、堕落和贫穷。

(二)意译

意译是指根据原文词语的含义使用意义等同的目的语来表达。意译法强调"神似"，主张译文不必拘泥于原文形式，只要能准确恰当地表达原文含义即可。例如：

Don't cross the bridge till you get to it.

不必自寻烦恼。

I can't get a job because I haven't got any where to live, but I can't afford a place to live until I get a job—it's a catch-22 situation.

我没有住所就找不到工作，但是没有工作就没钱租房子，这真是左右为难。

(三)音译

音译就是用相同或相近的语言翻译另一种语言的词语。音译通常适用于以下几个领域。

1. 专有名词的翻译

(1)人名的翻译

英汉语言中的人名进行互译时，多采用音译法。例如：

Mary Barton 玛丽·布拉登

Nancy Davis 南茜·戴维斯

George Bush 乔治·布什

Albert Einstein 阿尔伯特·爱因斯坦

针对同名同姓的人，英语中常会在姓名后面加上数字或缩写字母，译成汉语时也要传达这些数字或缩写字母所表达的意思。例如：

Joseph I 约瑟夫一世

Elizabeth II 伊丽莎白二世

John Smith, Sr. 老约翰·史密斯

如果外国人本身具有中国名字，在翻译时一般不再音译其英语姓名，而直接使用其中国名字。例如：

Gilbert Reid 李佳白

Ferdinandus Verbiest 南怀仁

(2)地名、河流、山川等的翻译

地名、河流、山川等专有名词的翻译也大多采用音译法。例如：

Panama 巴拿马

Canada 加拿大

The Alps 阿尔卑斯山

The Mississippi 密西西比河

2. 货币名称的翻译

英语中出现的世界各国的货币名称，基本上都可以通过音译来翻译。例如：

pound 镑

franc 法郎

rouble 卢布

shilling 先令

3. 计量单位的翻译

对于科技专业术语中的某些计量单位名称，也常采用音译法进行翻译。例如：

ampere 安培（电流强度单位）

calorie 卡路里（热量单位）

volt 伏特（电压单位）

ohm 欧姆（电阻单位）

（四）反译

与正译正好相反，反译是指将原文中暗含否定含义但却具有肯定形式的词或短语译成汉语的否定句。反译具体包含以下几种情况。

(1) 名词反译。例如：

She was in ignorance of your plan.

她不知道你们的计划。

(2) 动词反译。例如：

Such a chance was denied to me.

我没有得到这样一个机会。

(3) 形容词反译。例如：

The explanation is quite thin.

这种解释一点也不清楚。

(4) 副词反译。例如：

He evidently thinks otherwise.

他显然有不同的想法。

(5)介词反译。例如：

This problem is above me.

这个问题我不懂。

(6)连词反译。例如：

I will not go unless I hear from him.

如果他不通知我,我就不去。

(7)短语反译。例如：

Its dishonest scheme and I'm glad to be out of it.

这是一个不光彩的计划,我很高兴没有参与。

(8)句子反译。例如：

I prefer watching television to listening music.

我喜欢看电视,不喜欢听音乐。

(五)分译

分译就是根据译文表达的需要而将原文中的词、词组或句子分解出来,单独进行翻译。例如：

In all or most of our dealings with other states, the Charter will be our guiding star.

在处理我国与其他国家之间的全部或大部分事务时,宪章将成为我们的指路明灯。

(六)合译

合译就是将原文中两个或两个以上的简单句或一个复合句在译文中融合为一个单句来表达。例如：

He was very clean. His mind was open.

他为人单纯而坦率。

四、文化导入法

在大学英语翻译技能教学中,教师要有意识地向学生导入文化知识,以从根本上提高学生的跨文化翻译能力。具体来讲,教师在教学中可采用以下方法向学生导入文化知识。

(一)比较法

在翻译教学中向学生导入文化知识,最常采用的方法就是比较法。所谓比较法,就是将英语文化与汉语文化进行比较,使学生对英汉文化差异有一个系统地了解,并将跨文化能力与英语能力结合起来,使学生在掌握英语文化知识的同时,也具备跨文化交际能力。例如,"狗"在汉语文化中多表达贬义的含义,与之相关的词语也多为贬义词,如"走狗""狗腿子"等。但是,英美人对狗十分钟爱,将狗看作是人类忠实的朋友,所以 dog 在英语文化中多具有褒义的含义,如"Every dog has his day."(人人皆有得意日)、"You are a lucky dog."(你真是个幸运儿)等。由此可以看出,如果不了解英汉文化的差异,很容易按字面意思进行翻译,进而造成误译。

(二)专题讲座法

专题讲座法也是一种有效地丰富学生文化知识的教学方法。专题讲座法就是在比较英汉文化的基础上,针对学生在学习过程中遇到的一些文化难题进行分析和总结,不定期的邀请一些专家或外教有意识地开展一些英美文化知识的专题讲座。专题讲座具有时间集中、信息量大等优势,能有效提高学生的文化敏感性,进而使学生全面地认识、了解和掌握英语文化。

(三)课外补充法

在我国,课堂教学是学生学习英语知识的主要场所,学生对课堂学习有着很强的依赖性,但课堂时间毕竟是有限的,再加上英语翻译的课时本来就少,所以学生在课堂上是不可能全面掌握翻译知识的。课外的时间充裕,而且不受限制,因此教师可以鼓励学生充分利用课外时间,如鼓励学生课外阅读英美书籍或杂志,观看英文原版电影或录像,或通过互联网查阅广泛的英语文化资源等。通过课外学习,不仅可以丰富学生的文化知识,还能提高学生的自主学习能力,进而有效提高学生的翻译能力。

五、交际教学法

翻译教学的最终目的是培养学生的跨文化交际能力,因此在大学英语教学中,教师常采用交际教学法展开教学。交际教学法注重学生的主体地位,主张教师的教学活动要始终围绕学生展开,教师的主要作用是为学生提供实际的交际场景,帮助学生轻松自如地表达自己的观点和想法。交际教学法的具体实施步骤如下。

(1)根据翻译教学的目的,教师向学生提供相同内容的源语和目标语两种文本的材料,引导学生进行对比,并分析两种语言的不同表达方式以及两种文化的模式差异。

(2)依据认知原则开展教学,安排学生进行模仿和互译练习,从而促使学生创造性地使用语言,培养学生的翻译意识和能力。

(3)根据学生的实际情况、学习特点、目标需求等,提出翻译要求,指导学生独立进行翻译练习。

(4)完成翻译练习之后,教师与学生一起对译文进行分析和评价。

在整个教学过程中,教师要引导学生积极参与,多鼓励和表扬学生,以使学生在参与的过程中锻炼和提高翻译能力。

参考文献

[1] 李丽娟.英语阅读策略[M].北京:外语教学与研究出版社,2010.
[2] 李建军.新编英汉翻译[M].上海:东华大学出版社,2004.
[3] 毕继万.跨文化交际与第二语言教学[M].北京:北京语言大学出版社,2009.
[4] 蔡基刚.英汉词汇对比研究[M].上海:复旦大学出版社,2008.
[5] 陈俊森,樊葳葳,钟华.跨文化交际与外语教育[M].武汉:华中科技大学出版社,2006.
[6] 陈品.大学英语教学理论与实践[M].天津:南开大学出版社,2013.
[7] 程晓堂,孙晓慧.英语教材分析与设计(修订版)[M].北京:外语教学与研究出版社,2011.
[8] 崔刚,孔宪遂.英语教学十六讲[M].北京:清华大学出版社,2009.
[9] 戴炜栋,束定芳,周雪林,等.现代英语语言学概论[M].上海:上海外语教育出版社,1998.
[10] 丁家永.现代教育心理学[M].广州:广东高等教育出版社,2004.
[11] 樊永仙.英语教学理论探讨与实践应用[M].北京:冶金工业出版社,2009.
[12] 方国才.新课程怎样教得精彩[M].北京:中国科学技术出版社,2006.
[13] 冯莉.大学英语语法教学理论与实践[M].长春:吉林出版集团有限责任公司,2009.
[14] 高一虹,胡文仲.外语教学与文化[M].长沙:湖南教育出版社,1997.
[15] 何广铿.英语教学法教程:理论与实践[M].广州:暨南大学出版社,2011.
[16] 何少庆.英语教学策略理论与实践运用[M].杭州:浙江大学出版社,2010.
[17] 黄勇.英汉语言文化比较[M].西安:西北工业大学出版社,2007.
[18] 贾玉新.跨文化交际学[M].上海:上海外语教育出版社,1997.
[19] 李丽娟.英语阅读策略[M].北京:外语教学与研究出版社,2010.
[20] 剧锦霞,倪娜,于晓红.大学英语教学法新论[M].北京:中国书籍出版社,2013.
[21] 李建军.文化翻译论[M].上海:复旦大学出版社,2010.